Marktdynamik

Schaffung, Erhaltung und Ausbau von nutzenorientierten Werten

Eine Anleitung zu Glück und Erfolg
für Unternehmer und Führungskräfte

„Machen Sie Ihr Unternehmen
 zur Marketing-Company!"

Von Josef Schmidt

Impressum

ISBN 978-3-96283-004-5

Autor: Josef Schmidt, Gründer des Schmidt Collegs
Verlag und Vertrieb: Verlag Sicher Wissen,
Bürgerreuther Str. 27, 95444 Bayreuth
Covergestaltung: SMC Seuss Mediaconcept, www.seuss.de
Lektorat: Dr. Michael Madel, Redaktionsbüro
Satz: Druck & Medien Heinz Späthling
Druck und Bindung: Das Druckhaus, www.das-druckhaus.de

Copyright ©: Verlag Sicher Wissen, 1. Auflage 2017

Alle Rechte vorbehalten. Vervielfältigung, auch auszugsweise, nur mit der Genehmigung des Autors und des Verlegers.

Printed in Germany

Anmerkung
Das SchmidtColleg wird in bewährter Weise weitergeführt von:
Dr. Dr. Cay von Fournier
SchmidtColleg GmbH & Co. KG
Markt 11, 95679 Waldershof
Tel.: +49 (92 31) 50 51-0
Fax: +49 (92 31) 50 51-101
info@schmidtcolleg.de
www.schmidtcolleg.de

INHALTSVERZEICHNIS

Vorwort des Autors zur Neuauflage..5
Vorwort von Walter Bach..7
Vorwort des Autors..9

Einleitung: Marktdynamik entsteht durch
ganzheitliche Unternehmensführung..14

Kapitel 1:
Denken und Emotionalität..26
1.1 Marktorientierte Unternehmensführung
mit Verstand und Gefühl..28
1.2 Marktdynamik entsteht durch Selbstbewusstsein
und die Schaffung von Werten...35

Kapitel 2:
Marktdynamik entsteht durch gute Mitarbeiterbeziehungen.....42
2.1 Die besten Mitarbeiter finden..44
2.2 Mitarbeiter optimal führen..49

Kapitel 3:
Marktdynamik entsteht durch lebendige Kundenbeziehungen..62
3.1 Der kleine Prinz und die Kundenorientierung...................64
3.2 Kundenbeziehungsmanagement als Fundament:
der vertraute Kunde..68
3.3 Emotionen als Kaufmotiv..86

Kapitel 4:
Marktdynamik entsteht durch Total Quality Kultur..................92
4.1 Das Streben nach Vollkommenheit...................................94
4.2 Die Veränderungsbereitschaft stärken...............................99
4.3 Mit Servicequalität zur Marktdynamik............................106

Kapitel 5:
Marktdynamik entsteht durch
professionelle Marktbeobachtung..110
5.1 „Die Menschen brauchen keine Bohrer, sondern Löcher".112
5.2 Veränderungen am Markt beachten und analysieren.......114
5.3 Unternehmensstärken und -schwächen............................122

Kapitel 6:
Marktdynamik entsteht durch
eine faszinierende Marktstrategie..130
6.1 Mit Differenzierung zur Faszination..................................132
6.2 Marktorientierte Unternehmensführung
durch Zielbewusstsein..140

Kapitel 7:
Marketing als kundenrelevante Inszenierung........................150
7.1 Marketing bedeutet immer Marketingkommunikation 152
7.2 Der Unternehmer als Dramaturg seines Marktauftritts.....159
7.3 Marketingstrategie planen und Erfolge kontrollieren........180

Kapitel 8:
Marktdynamik entsteht durch professionelle
Verkäufer und Selbstmarketing...184
8.1 Das Profil des Verkäufers der Zukunft...............................186
8.2 Selbstmarketing und Herzensbildung................................201

Schlusswort 210

Literatur und Quellen..216

Vorwort des Autors zur Neuauflage

Das vorliegende Buch ist 2004 erstmals erschienen, ebenso wie „Unternehmer sein mit Körper, Geist und Seele". Wie ist es nun, nach über zehn Jahren, zu einer Neuauflage gekommen?

Hintergrund ist meine Begegnung mit Udo Jahreis, Versicherungsfachmann von der HDI Versicherung. Herr Jahreis schilderte mir in bewegenden Worten, wie sehr ihm meine Bücher und Schriften immer wieder geholfen hätten, seinen Beruf erfolgreich und motiviert auszuüben und zu Glück und Erfolg zu gelangen. So entstand zum ersten Mal die Idee, meine besten und erfolgreichsten Werke unter dem Oberthema „Glück und Erfolg im beruflichen und privaten Bereich" zu einem Zyklus zusammenzufassen und in einer Buch-Box herauszugeben.

Auch aus dem Kreise der Familie und von alten Weggefährten und Lesern vernahm ich, dass ein lebhaftes Interesse an einer solchen Publikation bestehen würde, was mich natürlich sehr gefreut und motiviert hat, dieses Vorhaben zügig zu verwirklichen.

Und darum freuen Herr Jahreis und ich mich, Ihnen nun vorlegen zu dürfen:

– Freude ist die vollendete Form der Dankbarkeit

– Glück und Erfolg. Die Top-10-Texte des Visionärs Josef Schmidt

– Unternehmer sein mit Körper, Geist und Seele

– Marktdynamik. Schaffung, Erhaltung und Ausbau von nutzenorientierten Werten

– Wirtschaftsethik. Die Lehre vom sinnvollen Miteinander und der Verantwortlichkeit

Die Top-10-Texte sind dabei als eine Einleitung zu dem Thema „Glück und Erfolg im beruflichen und privaten Bereich" zu verstehen.

In dem Buch „Marktdynamik" zeige ich, wie Unternehmer mit einem individuellen Marketingprogramm ihr Unternehmen zu einer Marketing-Company entwickeln, in der das Wort vom „König Kunde" keine Floskel ist, sondern gelebte Überzeugung. Durch Marktdynamik wird ein Unternehmen wettbewerbsfähig und ein Unternehmer zum einzigartigen Problemlöser des Kunden. Dabei gilt: Kreativität, Fantasie und der persönliche Kontakt zum Kunden sind wichtiger als schlaue, aber letztlich anonyme Marketingkampagnen.

Unternehmer sollten dafür Sorge tragen, dass sich alle Mitarbeiter und Führungskräfte den Kunden zum „Vertrauten" machen sollten. Ebenso bedeutsam ist es, die Mitarbeiter durch die entsprechenden Instrumente der Mitarbeiterführung mit ins Boot „Kundenorientierung" zu holen.

Meine Erfahrung ist: Qualitätsmanagement darf nicht aus der Sicht des Unternehmens, sondern muss immer aus der Perspektive des Kunden interpretiert werden. Und der wünscht nichts anderes als Vollkommenheit bei Qualität und Service. Und wer Vollkommenheit anstrebt, wird Mitarbeiter anziehen, die dies ebenfalls wünschen: Ein Unternehmen übt so nicht nur auf Kunden eine Suggestivkraft aus, sondern auch auf gute Mitarbeiter.

Ich hoffe, auch Ihnen möge dies gelingen, und wünsche Ihnen viel Glück und Erfolg dabei!

Ihr
Josef Schmidt

Vorwort

Seit vielen Jahren arbeitet die ScherdelGruppe erfolgreich mit Josef Schmidt zusammen. Die von ihm geleiteten Seminare haben den Teilnehmern aus unserem Hause großen Gewinn gebracht und ihnen das Rüstzeug für eine effektivere Ausübung ihrer Tätigkeit vermittelt.
Josef Schmidt hat mit diesen Weiterbildungsmaßnahmen Scherdel maßgeblich begleitet. Wir haben also allen Grund, diesem exzellenten Fachmann für seine große Unterstützung zu danken, und freuen uns, dass er uns auch heute noch seinen Rat nicht versagt.
Es gibt wohl kaum einen prädestinierteren Managementlehrer als ihn, wenn es um das Ziel geht, mit entsprechender Marktdynamik die aktuellen Probleme zu lösen. Wir leben in einer Zeit der entfesselnden Märkte – die Globalisierung und der Übergang von lokalen geschlossenen Volkswirtschaften zu einer offenen globalen Wirtschaft vollziehen sich in einem immer schnelleren Tempo. Dies ist ein ambivalenter Prozess, der unumkehrbar ist, und sich im Übrigen nach Ansicht von Wirtschafts-Wissenschaftlern schon seit 1840 mit kriegsbedingten Unterbrechungen vollzieht.
Daher kommt es für die Wirtschaft darauf an, in den offenen Märkten so gut wie möglich aktiv mitzumischen sowie die zweifellos vorhandenen Chancen zu nutzen. In einer Studie wurde festgestellt, dass der deutsche Mittelstand im Jahr 2001 ganze 40 Prozent seiner Arbeitszeit unproduktiv verschwendete: Managementfehler sind also der größte Produktivitätskiller. Hier setzt das neue Lehrwerk von Josef Schmidt mit dem vielsagenden Titel „Marktdynamik" an. Als Praktiker, der mit den von ihm verfassten Lehrbüchern und anderen Initiativen schon zahlreichen Selbstständigen zu großem Erfolg verhalf, weiß er, wo der Hebel anzusetzen ist.

Ich freue mich besonders, dass Josef Schmidt gerade zu der jetzigen Zeit diese Thematik mit seinem neuen Werk aufgreift. Zumal er dazu auch als engagierter Verfechter der sozialen Marktwirtschaft – dafür verlieh ihm die Akademie Steinwald-Fichtelgebirge den Ludwig-Erhard-Preis – vorzüglich geeignet ist.

Ich bin sicher, dass das Lehrwerk „Marktdynamik" viele Leser und Anwender ansprechen wird und wünsche Buch und Autor viel Erfolg.

Walter Bach

Geschäftsführender Gesellschafter der Firma Scherdel GmbH

Vorwort des Autors

Deutschland ist noch immer eine äußerst sandige Service-Wüste – zumindest in den Augen der Kunden. Und das, was die Kunden über die Unternehmen und ihre Dienstleistungs- und Servicementalität denken, ist entscheidend. Auf die Wahrnehmung der Kunden kommt es an. Eine Umfrage der Unternehmensberatung Marketing Corporation ergab, dass sich 64 Prozent von 1.000 Befragten einfach schlecht bedient und unhöflich behandelt fühlen. Sei es im Restaurant, im Supermarkt, beim Einkaufen oder auch in der Autowerkstatt, bei der Post, in der Bank oder in Bahn und Bus – überall werden die miserablen Serviceleistungen beklagt.
Das Problem ist nicht neu. Kaum ein Thema wird in der Literatur so ausführlich behandelt wie das der Kundenorientierung. 1998 fragten Günter Ederer und Lothar J. Seiwert in dem Buch „Das Märchen vom König Kunde" – mittlerweile ist es unter dem Titel „Der König ist Kunde" auf dem Markt –, ob der Service in Deutschland nun eine Wüste oder Oase sei. Und die Antwort fiel recht eindeutig aus.
Woran nur mag es liegen, dass so wenige Unternehmen es schaffen, ihren Kunden einen einzigartigen Service zu bieten? Ich bin der Meinung, dass dies zuallererst mit der Einstellung der Unternehmer, der Führungskräfte und der Mitarbeiter zu tun hat. Den meisten Menschen fällt es schwer, anderen Menschen zu dienen – sie denken dabei gleich an eine Geste der Unterwürfigkeit. Dabei heißt „dienen" doch vor allem, dem anderen Menschen, also dem Kunden, bei der Verwirklichung seines Ziels zu helfen, zum Mittelpunkt seiner Welt zu werden. Dieses Ziel verfolgen wir alle, und wir dürfen und sollen alles

dafür tun, um es zu erreichen. Gleichzeitig steht aber der Unternehmer in der Verantwortung, seine Kunden dabei zu unterstützen, sich zum Mittelpunkt ihrer Welt zu machen. Wem es gelingt, diese Einstellung zu gewinnen und auch seine Führungskräfte und Mitarbeiter davon zu überzeugen, wird automatisch seine Denkweise und Handlungen auf die Kundenorientierung ausrichten und die Befriedigung der Kundenerwartungen und Kundenwünsche in den Mittelpunkt seines unternehmerischen Tuns stellen.

Wichtig dabei ist: DEN Kunden an sich gibt es nicht mehr! Die Zeiten, in denen es der Unternehmer mit einer relativ homogenen Zielgruppe zu tun hatte, sind vorbei. Gerade die Mittelständler werden sich immer mehr an den individuellen Problemlösungsfelder und Erlebnisfelder ihrer Zielgruppen ausrichten müssen. Wobei diese Zielgruppen sich immer mehr differenzieren. Nehmen wir das Beispiel „Automobilbranche". Die Automobilfirmen arbeiten mit einer immer stärker differenzierten Kundensegmentierung. Der eine Kunde will den schnellen Sportwagen mit möglichst vielen „Pferdestärken", wobei es ihm herzlich gleichgültig ist, dass es kaum mehr Straßen gibt, auf denen er sie ausspielen kann. Er will mit seinem Wagen Aufsehen erregen, ein bestimmtes Image aufbauen.

Dem anderen Kunden geht es – als Familienvater – mehr um den praktischen Aspekt. Er möchte einen Wagen, der Sicherheit bietet und ihm die Möglichkeit gibt, möglichst viel Gepäck unterzubringen und auch noch die Fahrräder der Kinder zu transportieren. Für den dritten Kunden dann steht einzig und allein der Preis im Mittelpunkt, der vierte legt Wert darauf, up to date zu sein: Sein Wagen soll mit den neuesten technischen Innovationen ausgerüstet sein.

Nun werden die meisten Automobilunternehmen

jeweils einen oder zwei der genannten Aspekte in den Vordergrund rücken und sich zum Beispiel als DER Anbieter von Familienwagen oder als DER Innovationsführer zu profilieren versuchen. Aber da sie die anderen Zielgruppen nicht vernachlässigen dürfen und wollen, bauen sie parallel dazu weitere Produktlinien auf.

Für die Unternehmen bedeutet dies eine immer stärker ausgeprägte Individualisierung ihrer Produkte und Dienstleistungen – und ihres Marketings. Das Textilgeschäft wird zum Typ- und Fachberatungsunternehmen, das in der Lage sein muss, den angebotenen Anzug auf die Schuhe, die Frisur und die Figur des Kunden abzustimmen. Der Getränkegroßhändler wird zum Coach und Berater des Gastronomen und bietet ihm eine Veranstaltungsberatung für gelungene Events an. Der Landschaftsgärtner wird zum Servicedienstleister für die Anlagenpflege von Unternehmen und Institutionen und unterstützt Hausbewohner bei der individuellen Gestaltung ihres Anwesens, das sich harmonisch in die natürliche Umgebung einpassen soll – letztendlich trägt er dazu bei, dass seine Kunden ein spezielles Lebensgefühl ausbilden und dieses Lebensgefühl auch nach außen visualisieren können.

Die Beispiele zeigen: Jedes Unternehmen muss seinem Kunden einen unschätzbaren Zusatznutzen bieten, den er nur hier – bei diesem Unternehmen – erhält. Das Unternehmen wird zum einzigartigen Problemlöser seines Kunden. Dazu muss es jeden Kunden als Individuum betrachten. Verkaufs- und Marketingkonzepte, die sich an alle wenden, haben damit ausgedient. Individuelles Verkaufen und Beraten, individuelles Marketing sind vonnöten. Das heißt aber auch: Kundenorientierung allein genügt nicht mehr, Kundenorientierung ist zu allgemein gehalten. Eigentlich müsste es „Individuumorientierung"

heißen – wenn das Wort nicht so holperig klingen würde. Aber es trifft den Kern der Sache. Ich möchte mit diesem Buch dazu beitragen, dass es Unternehmern und ihren Führungskräften und Mitarbeitern gelingt, ihr Unternehmen und ihr Marketingkonzept so individuell wie möglich auszurichten. Die PISA-Studie zeigt, dass es hervorragend wäre, wenn unsere Kinder in der Schule in möglichst kleinen Klassen unterrichtet würden – desto besser kann der Lehrer auf das einzelne Kind individuell eingehen. In Analogie dazu wäre es ideal, wenn es für jeden einzelnen Kunden ein individuelles Marketingkonzept gäbe – dies ist natürlich nicht möglich. Aber als Vision, als Ziel, auf das man hinarbeitet, darf dies nicht aus dem Blickpunkt geraten. Das Konzept des One-to-one-Marketings bedeutet nichts anderes. Ich möchte es übersetzen mit einem Marketing, das sich von Mensch zu Mensch, von dem einzelnen Repräsentanten eines Unternehmens – sei es nun der Geschäftsführer oder ein Mitarbeiter oder ein Verkäufer – direkt an den anderen Menschen, den einzelnen Kunden, wendet.
Die Auswirkungen der Individualisierung und der Notwendigkeit, einen Zusatznutzen zu bieten, sind dramatisch, so etwa auch in der Berufsausbildung: Der Techniker muss sich auf dem kaufmännischen Gebiet weiterbilden, der Kaufmann umgekehrt auf dem technischen Terrain auskennen, der EDV-Experte muss verkaufen lernen, der Akquisiteur muss sich Fähigkeiten im Beschaffungsmanagement aneignen. Aber nur so ist es möglich, sich dem Kunden als einzigartiger Problemlöser zu präsentieren. Aber allen ist gemeinsam: Sie müssen sich zusätzlich zu absoluten Experten im Umgang mit dem Kunden entwickeln.
Dieses Ziel erlangt in Krisenzeiten eine besondere Bedeutung. Es gibt nur eine Möglichkeit, auf Krisen und der damit einhergehenden Notwen-

digkeit, sich zu verändern, zu reagieren: Sie besteht darin, sich täglich etwas zu verbessern und dem Anspruch, sich als einzigartiger Problemlöser des Kunden zu präsentieren, jeden Tag etwas mehr gerecht zu werden. Die Einzigartigkeit eines Unternehmens ist eine nie endende Zielvorgabe. Wenn Sie diese Zielvorgabe stets vor Augen haben, werden Sie dazu gelangen, dass Ihre Zielgruppen sofort an Ihr Unternehmen denken, wenn sie Produkte, Dienst- und Geistleistungen erwerben wollen. Und die Kunden werden keine Mühen scheuen, um von Ihnen bedient zu werden und jene Produkte und Leistungen bei Ihnen und von Ihnen zu erhalten.

Wie dies gelingen kann, möchte ich Ihnen in „Marktdynamik" zeigen – ich möchte Sie mit diesem Buch auf Ihrem Weg zur Einzigartigkeit unterstützen.

Josef Schmidt

Einleitung: Marktdynamik entsteht durch ganzheitliche Unternehmensführung

In diesem Buch geht es um die Entfaltung einer Marktdynamik, durch die Ihr Unternehmen voller Energie an die Spitze getragen wird. Im Mittelpunkt steht dabei Ihr Marketingkonzept, mit dem Sie sich zum einzigartigen Problemlöser jedes einzelnen Ihrer Kunden machen. Unter „Marketing" verstehe ich die konkrete Ausrichtung aller Aktivitäten eines Unternehmens und der Unternehmensziele auf bestehende und zukünftige Märkte.

Ich werde diese Definition, mit der wahrscheinlich nicht jeder von Ihnen einverstanden sein wird, im weiteren Verlauf näher ausführen. Wichtig an dieser Stelle ist: Ihr Marketingkonzept trägt entscheidend zur Entfaltung von „Marktdynamik" bei, in dem das aus dem Griechischen stammende Verb „dynamis" enthalten ist: Marktdynamik bedeutet so viel wie die energiegeladene Ausrichtung eines Unternehmens auf den Markt, eines Unternehmens, das voller Spannkraft ist. Marktdynamik macht Ihr Unternehmen kräftig, stark und wirksam.

Ziel von Marktdynamik ist die Fokussierung und Konzentration des gesamten Unternehmens und der Menschen, die für dieses Unternehmen tätig sind, auf die Schaffung, Erhaltung und den Ausbau von nutzenorientierten Werten für den Kunden.

Thesen zur ganzheitlichen Unternehmensführung

Die Entfaltung von Marktdynamik ist nur möglich, wenn das gesamte Unternehmen und die Menschen, die in ihm tätig sind, darauf ausgerichtet ist – ein hervorragendes Marketingkonzept allein genügt also nicht. Vielmehr muss es eingebettet sein in einen übergreifenden und ganzheitlichen Ansatz – diesen Ansatz habe ich in meinem Buch „Unternehmer sein mit Körper, Geist und Seele. Die Ganzheit als oberstes Erfolgsprinzip" beschrieben. Da dieser ganzheitliche Ansatz das Fundament auch für das Buch „Marktdynamik" bildet, möchte ich ihn anhand von Thesen resümieren – vor allem für die Leserinnen und Leser, die das Buch nicht kennen. Aber auch wenn Sie das Buch gelesen haben, sollten Sie die folgenden Thesen lesen, denn sie verdeutlichen, dass Marktdynamik nur auf der Basis einer ganzheitlichen Unternehmensführung möglich ist. Die einzelnen Punkte sind in „Unternehmer sein mit Körper, Geist und Seele" ausführlich begründet – hier beschränke ich mich auf die Wiedergabe der wichtigsten Inhalte und des Zusammenhanges mit „Marktdynamik".

These 1: Die Entfesselung von Marktdynamik erfordert den ganzheitlich denkenden Unternehmer
Das Konzept der ganzheitlichen Unternehmensführung steht in enger Abhängigkeit von der Einstellung des Unternehmers. Dieser muss sein Unternehmertum mit tiefer Freude und echter Begeisterung ausüben. Dies wird ihm gelingen, wenn er Erfolg nicht allein unter materiellen Gesichtspunkten interpretiert, sondern als Erreichung seiner persönlichen und unternehmerischen Ziele, wobei sich diese Ziele auch auf immaterielle Werte beziehen können, etwa auf

die harmonische Ausbalancierung aller Lebensbereiche, die Erhaltung und Förderung seiner Gesundheit oder auf ökologische Ziele. Der Versuch, Privatleben und Berufsleben in Einklang zu bringen, zählt ebenfalls dazu. Wer mit Freude und Begeisterung unternehmerisch tätig ist, kann sich mit seiner ganzen Persönlichkeit und Kraft dafür einsetzen, Marktdynamik zu entwickeln.

These 2: Die Entfaltung von Marktdynamik erfordert die Diskussion und Bearbeitung der Sinnfrage
Derjenige Unternehmer kann sein Unternehmen ganzheitlich führen, der stets die Sinnfrage mitreflektiert und sich nach dem „Warum" seines Tuns fragt. Dabei geht es nicht nur um den Sinn der Unternehmensführung; darüber steht die Frage nach dem Sinn des Lebens – oder besser: nach dem Sinn Ihres Lebens. Auch die Notwendigkeit, die Sinnfrage zu stellen, ist eine „endlose Geschichte", und diese Frage wird wohl nie zweifelsfrei beantwortet werden können. Doch wer sie trotz aller operativen Hektik des Alltagsgeschäfts und inmitten täglich zu treffender wichtiger Entscheidungen bedenkt, sieht sein Denken und Handeln eingebettet in einen übergeordneten Sinnzusammenhang. Das führt zur Identifikation mit dem Unternehmen, feit vor Rückschlägen – denn diese sind nur erzielte Resultate auf dem Weg zum Ziel – und definiert auch das Ziel „Marktdynamik" als nie endenden Prozess.

These 3: Die Sinnfrage kann auf der Grundlage der philosophischen Ethik beantwortet werden
Jeder Unternehmer muss die Sinnfrage für sich selbst beantworten. Ich habe meine Antwort in der philosophischen Ethik gefunden. Sie besagt: „Ich bin als Mensch der Mittelpunkt meiner (nicht der) Welt, wohl wissend, dass das für jeden ande-

ren Menschen auch gilt. Dem anderen Menschen dabei zu dienen, Mittelpunkt seiner Welt sein zu können, ist die Grundlage des persönlichen und wirtschaftlichen Erfolgs, die Grundlage der Betriebswirtschaftslehre, aber auch die Grundlage des Sinnfindung." Und sie ist die Basis für Marktdynamik, denn sie führt dazu, dass der Kunde in den Vordergrund rückt und der Unternehmer mit Hilfe seiner unternehmerischen Leistung in der Lage ist, die Wünsche und den Bedarf des Kunden zu erkennen und zu erfüllen.

These 4: Die philosophische Ethik führt zu ethischem Unternehmertum und zur Wirtschaftsethik
Die philosophische Ethik entfesselt die wirtschaftlichen Kräfte und stellt ihnen zugleich ein Korrektiv zur Seite, das Auswüchse verhindert. Somit ist sie das ethische Pendant, die Entsprechung zur sozialen und freien Marktwirtschaft. Denn die philosophische Ethik verweist darauf, dass zwar jeder Mensch das Recht hat, sich selbst zum Mittelpunkt seiner Welt zu machen, aber gleichzeitig auf die Verpflichtung, den anderen Menschen zu helfen, dies ebenfalls tun zu können. Das heißt: Der Unternehmer ist geradezu verpflichtet, ökonomischen Erfolg anzustreben, aber nur, solange er anderen Menschen damit nicht schadet. Im Gegenteil: So unterstützt er diese dabei, ebenfalls Erfolg – eben auch den materiellen – haben zu können. Praktische Konsequenz der philosophischen Ethik ist, dass jeder Unternehmer für sein Unternehmen einen Ethik-Kodex formulieren sollte, der für das gesamte Unternehmen und die Menschen darin verbindlich ist. Der Ethik-Kodex verpflichtet zur Leistungserbringung – denn der Preis für jeden Erfolg ist die Leistung.

These 5: Die philosophische Ethik führt zu einem mitarbeiterorientierten Führungsstil
Der Grundsatz der philosophischen Ethik bedeutet, dass der Unternehmer alles daran setzt, seine persönlichen und individuellen Begabungen, Fähigkeiten und Kompetenzen zu entfalten. Und er bedeutet, dass der Unternehmer zudem sein Bestes und Mögliches dazu beiträgt, dass die Menschen in seinem Umfeld ihre Begabungen ausbilden – und dies gilt vor allem in Hinsicht auf seine Mitarbeiter. Die persönliche Begabungsentfaltung und die der Mitarbeiter liegt somit in der Verantwortung des Unternehmers. Deshalb begegnet der Unternehmer seinen Mitarbeitern mit einem Höchstmaß an Toleranz, Achtung und Respekt – und er besteht und achtet darauf, dass sie ihre Potenziale nicht verkümmern lassen. So sorgt er dafür, dass sie ihre Fähigkeiten in den Dienst der Entfesselung von Marktdynamik stellen.

These 6: Marktdynamik entsteht durch eine positive und damit konstruktive Denkhaltung
Der Unternehmer mit Körper, Geist und Seele glaubt an sich und sein Unternehmen und ist grundsätzlich überzeugt davon, in der Lage zu sein, die Probleme seiner Kunden lösen zu können. Durch diese aktive und nach vorwärts gerichtete Kraft entsteht jene Energie und Stärke, die in dem Glauben, etwas Gutes für die Menschen – die Kunden – leisten zu können, das Recht und die Verpflichtung erwirbt, die Märkte oder einen Markt offensiv zu erobern.

These 7: Der ganzheitliche Ansatz führt zu Glaubwürdigkeit und Authentizität
Ganzheitliche Unternehmensführung „aus einem Guss" – also auf der Basis eines übergeordneten und legitimierenden Wertes und mit der Orientierung an ethischen Prinzipien und Tugenden

– zieht die Übereinstimmung zwischen Denken, Verhalten und Handeln nach sich. Der Unternehmer und sein Unternehmen können sich so das Vertrauen der Menschen und der Kunden erarbeiten.

Es ist vor allem die ethisch abgesicherte und legitimierte Überzeugung, der Mensch sei das Maß aller Dinge, auch das Maß des unternehmerischen Handels, die für das Thema diese Buches, die Marktdynamik, so bedeutsam ist. Denn so geraten die folgenden Grundsätze in den Fokus:

- Wir – das Unternehmen, der Unternehmer und seine Mitarbeiter – wollen mit allen unseren Produkten und Dienstleistungen die Bedürfnisse des Kunden befriedigen!
- Wir lösen mit Hilfe unserer Kernkompetenz das Problem des Kunden!
- Der Kunde ist für unser Unternehmen am allerwichtigsten!
- Wir wollen unsere Kunden wirklich verstehen!
- Wir sind absolut zuverlässig!
- Wir sorgen dafür, dass unsere Versprechungen mit den Leistungen unseres Unternehmens übereinstimmen!
- Wir sind gut, freundlich und zuvorkommend zu unseren Kunden, denn wir wollen, dass wir und unser Unternehmen ihnen sympathisch sind!

Einzigartigkeit als Ziel

Durch die philosophische Ethik kommt dem Kunden endlich die Bedeutung zu, die er verdient und durch die erfolgreiches wirtschaftliches Handeln erst möglich wird. Wer ihre Prinzipien berücksichtigt, hat gute Chancen, zur Einzigartigkeit zu gelangen und damit eine Suggestivkraft zu entwickeln, die – so bestätigt meine Erfahrung – fast automatisch zu Umsatz und Ertrag sowie zur Erreichung der materiellen und immateriellen Unternehmensziele führt. Denn es gibt nur wenige Unternehmen, die die Probleme, Bedürfnisse, Wünsche und sogar Träume ihrer Kunden erkennen und verstehen wollen und ihre Kernkompetenz uneingeschränkt dafür einsetzen, den Kundenerwartungen gerecht zu werden. Wie anders ist das bereits zitierte Umfrageergebnis der Unternehmensberatung Marketing Corporation und die Klage über die Service-Wüste Deutschland zu erklären?

Einzigartigkeit muss alle Unternehmensbereiche und alle Mitarbeiter erfassen – von der Geschäftsleitung über die Führungskräfte bis zum Mitarbeiterbereich, von der Produktion über den Vertrieb und die Logistik bis zur Buchhaltung; sie muss die strategische Ausrichtung ebenso umfassen wie operative; das Controlling ist genauso beteiligt wie die Technik – und das Marketing. Der ganzheitliche Ansatz der Unternehmensführung macht dies wahrscheinlich und möglich.

Nun kennen Sie die Grundlagen für Marktdynamik – was aber erwartet Sie konkret in diesem Buch? Ich möchte in diesem Buch die bisher nur grob skizzierten Ausführungen zur Marktdynamik vertiefen:

· Zunächst geht es um die Bedeutung des „richtigen" Denkens und die emotionale Anteilnahme des Unternehmers und seiner Mitarbeiter.' Ich bin sicher: In Zukunft wird über den Erfolg eines Unternehmens zum einen die geistige Haltung oder die Denkhaltung entscheiden, die in einem Unternehmen vorherrscht. Und zum anderen ist es die emotionale Gestimmtheit: Der moderne Unternehmer weiß, dass Gefühle und Emotionen sowohl im Führungsprozess – also bei der Mitarbeiterführung – als auch für die Qualität der Kundenbeziehung von entscheidender Bedeutung sind. Denn Sie, Ihre Mitarbeiter und der Kunde agieren und reagieren nicht nur mit dem Kopf, der Ratio, dem Verstand – sondern oft genug auch mit dem Herzen, aus dem Bauch heraus. So ist es beispielsweise erwiesen, dass sich der Kunde bei einem Kauf von seinen Gefühlen leiten lässt.

- Die wichtigsten „Verbündeten" bei der Entfaltung von Marktdynamik sind Ihre Mitarbeiter – davon handelt das zweite Kapitel. Schließlich gehört meine Aufmerksamkeit ganz und gar dem Kunden, dem Kundenbeziehungsmanagement und dem Vertrauensaufbau sowie der immer noch besten Marketingstrategie der Welt: nämlich die Qualität der Produkte und Leistungen im Sinne des Kunden durch eine Total Quality Kultur zu verbessern.
- Dann geht es um die Möglichkeiten der professionellen Marktbeobachtung, aus der heraus eine Marketingstrategie mit „Herz und Verstand" entwickelt wird, die den Kunden auf der Verstandesebene und der Gefühlsebene dort abholt, wo er steht. Es ist dann vor allem das siebte Kapitel, in dem die entsprechenden praxisorientierten Ausführungen in den Vordergrund rücken.
- „Der Mensch ist das Maß aller Dinge": Im letzten Kapitel beschäftige ich mich primär mit den Menschen in Ihrem Unternehmen, die bei der Entfaltung von Marktdynamik an vorderster Front – an der Verkaufstheke, im Gespräch mit dem Kunden und im Kundenkontakt – eine besonders exponierte Stellung einnehmen: mit den Verkäufern. Und dann rücken noch einmal Sie, der Unternehmer, der auch ein persönliches Marketingkonzept für sich selbst entwickeln sollte, in den Vordergrund

meiner Ausführungen. Denn wer am Menschen vorbeiplant – ob am Mitarbeiter, am Kunden oder an sich selbst –, wird scheitern.

Fragen führen auf den Weg zum Ziel

Marktdynamik auf eine Formel gebracht heißt: Schwung + Kraftentfaltung + Verkauf = Erfolg. Darum richtet sich dieses Buch an alle Unternehmer, die Erfolg haben wollen und bereit sind, sich die Grundsätze der ganzheitlichen Unternehmensführung anzueignen oder sie noch stärker in ihrem Unternehmen zum Tragen kommen zu lassen.

Natürlich geht es bei Marktdynamik – und damit auch in diesem Buch – um Fakten, um Wissen, um Instrumente, die zum Beispiel bei der Ausarbeitung eines Marketingkonzeptes Unterstützung bieten. Wenn Wissen reichen würde, wären wir alle sehr reich, denn wir wüssten dann ja, wie es geht. Ganze Bücher wurden schon darüber geschrieben, wie etwa „In sieben Jahren Millionär". Das Einzige, was wir jedoch ziemlich genau wissen, ist, dass das nicht so einfach funktioniert. Wissen allein genügt nicht. Natürlich bedarf es, um etwas zu können, auch des Wissens. Können und Wissen müssen sich die Waage halten. So ist mein erklärtes Ziel, dass das Wissen, das ich unter anderem auch anbiete, so aufbereitet ist, dass Sie damit etwas tun und anfangen können und Sie zur Könnerschaft geführt werden.

Ich möchte vor allem zum Tun anleiten – und das gelingt nicht, indem ich Ihnen ein fertiges Konzept vorstelle, das Sie dann Punkt für Punkt umsetzen. Jedes Unternehmen ist einzigartig und individuell – oder sollte es zumindest sein. Auch der Autor des schönsten und besten Konzeptes, das in einem Buch wie diesem präsentiert wird, ist nicht in der Lage, die individuellen Gegebenheiten Ihres Unternehmens zu berücksichtigen. Darum bitte ich Sie – wie auch schon in „Unternehmer sein mit Körper, Geist und Seele" –, meine Ausführungen zunächst als Denkanstöße zu betrachten und meine Empfehlungen zu durchdenken, um sie schließlich auf Ihr Unternehmen zu übertragen und anzupassen.

Ich bin nicht im Besitz des Steins der Weisen, habe aber die Erfahrung gemacht, dass meine Stärke darin besteht, oft die richtigen Fragen zu stellen und meine Zuhörer, Seminarteilnehmer, Leserinnen und Leser durch das Stellen von Fragen auf den Weg zu leiten, der in ihnen bereits angelegt war. Häufig ist mir bestätigt worden, dass meine Fragen dazu geführt haben, Lösungen zu Problemen zu finden, die die Menschen schon lange gesucht haben. Sie hatten sich nur noch nicht die richtigen Fragen gestellt. Darum finden Sie an vielen Stellen dieses Buches Fragen, die Sie entweder direkt im Buch – der entsprechende Platz ist dann freigelassen – oder auf einem separaten Blatt Papier schriftlich beantworten können. Diese Passagen leite ich stets mit der Bitte „Nehmen Sie sich Zeit zum Nachdenken!" ein. Ich hoffe, am Ende der Lektüre kristallisiert sich für Sie eine Marketingstrategie heraus, die zu Einzigartigkeit und Marktdynamik führt.

Aber vielleicht haben Sie das, was ich Ihnen mitteilen möchte, gar nicht nötig? Sie wissen bereits, wie Sie zur Einzigartigkeit gelangen, und sind bereits der bestmögliche Problemlöser Ihrer Kunden? Sie sind Marktführer auf allen Märkten, die interessant für Sie sind? Dann möchte ich Sie – und alle anderen Leserinnen und Leser – trotzdem bitten, die folgenden Fragen zu bedenken. Sie helfen Ihnen, eine erste Analyse des Ist-Zustandes in Ihrem Unternehmen vorzunehmen:

Nehmen Sie sich Zeit zum Nachdenken!

In welchen Bereichen Ihres Angebots sind Sie schon jetzt einzigartig? Haben Sie in diesen Bereichen eine Alleinstellung?

_____

_____

Was macht Sie und Ihr Angebot in den Augen Ihrer Kunden einzigartig? Haben Sie diese Alleinstellung also nicht nur in ihrer eigenen Wahrnehmung – sondern auch in der Ihrer Kunden?

_____

_____

In welchen weiteren Bereichen ist dies (Einzigartigkeit, Alleinstellung) in Zukunft außerdem möglich?

_____

_____

Werden Alleinstellung und Einzigartigkeit auch entsprechend vermarktet? Wissen also alle Kunden, Lieferanten, Multiplikatoren und auch Mitarbeiter davon?

_____

_____

Wissen Sie, wer Ihre Kunden genau sind? Welche Wünsche und Träume sie haben?

Wissen dies auch Ihre Mitarbeiter? Falls nein: warum nicht? Wie können Sie es ihnen kommunizieren?

Was wissen Sie über Ihren Markt? Ist dieses Wissen ausbaufähig?
Spricht Ihre Marketingstrategie das Herz UND den Verstand Ihrer Kunden an?

Kommunizieren Ihre Verkäufer mit den Kunden auf der Verstandes- UND der Gefühlsebene?

Wenn Sie auch nur einige dieser Fragen verneinen mussten oder nicht beantworten konnten, bin ich sicher, dass Ihnen die Lektüre dieses Buches einen großen Nutzen bringen wird.

Kapitel 1:

Denken und Emotionalität

Was Ihnen dieses Kapitel bietet

Marketing ist heutzutage kein reines Fachgebiet mehr, sondern eine unternehmerische Denkweise, die den Menschen in den Mittelpunkt stellt – denn „der Markt" ist nichts anderes als eine Ansammlung von Individuen. Wer aber den Menschen in den Fokus rückt, muss bedenken, dass der Mensch ein Verstandeswesen UND ein Gefühlswesen ist. Deshalb muss sich der Unternehmer mit sich selbst, seinen Kunden und seinen Mitarbeitern gleich auf zwei Ebenen beschäftigen: auf der Verstandesebene und der Gefühlsebene. Marktdynamik entwickelt sich, wenn beide Pole des menschlichen Wesens beachtet werden, und zwar gleichzeitig und ausgewogen.

1.1 Marktorientierte Unternehmensführung mit Verstand und Gefühl

Ein Unternehmer, der ein Marketingkonzept erstellen will, sollte zum ganzheitlichen Denken in der Lage sein: Zum einen muss er selbstverständlich die entsprechenden Marketinginstrumente beherrschen und einsetzen, zum anderen aber den klassischen und unvergänglichen Satz von Peter F. Drucker beherzigen: „Marketing heißt, die Welt von der Seite des Kunden zu sehen".

Die Menschen sind der Markt

Ich möchte diesen Satz noch etwas erweitern: Marketing heißt für mich, die Welt von der Seite des Menschen zu sehen. Marketing umfasst keine technische Vorgehensweise, in der in erster Linie Produktvorteile, Preispolitik, ein Vertriebssystem und verkaufsfördernde Kommunikationsstrategien aufeinander abgestimmt werden. Marketing ist zuallererst das Aufeinandertreffen mehrerer Individuen, die ihre Aktivität auf dem Markt mit den verschiedensten Zielen verknüpfen. Und damit meine ich nicht nur die Kunden, sondern auch die Mitarbeiter und Führungskräfte im Unternehmen, ja den Unternehmer selbst – denn sie sind es ja letztendlich, die das Marketingkonzept planen, verwirklichen und mit Leben füllen.
Der Unternehmer will Gewinn machen, immaterielle Ziele verwirklichen, seiner gesellschaftlichen Verantwortung durch den ökonomischen Einsatz der Produktionsmittel, die ihm zur Verfügung stehen, gerecht werden, er analysiert den Markt so sachlich wie möglich, er geht – manchmal auch persönlich-private – Beziehungen zu Kunden und Mitarbeitern ein. Der Kunde möchte seinen Bedarf durch einen bestimmten, wahrscheinlich limitier-

ten Mitteleinsatz decken, aber er erhofft sich oft genug von dem Kauf eines Produktes auch ein gutes Gefühl, er will nach außen wirken, angeben, Eindruck machen, ein Image aufbauen – mithin einen Nutzen erwerben, der über die bloßen Produktvorteile hinausgeht. Der Mitarbeiter schließlich muss sein Gehalt verdienen, er möchte aber auch am Arbeitsplatz soziale Kontakte aufbauen, Freundschaften schließen, in seiner Tätigkeit einen tieferen Sinn erblicken.

Bei jedem Menschen kommen diesbezüglich andere Wünsche, Ziele, Vorstellungen und Erwartungen zum Tragen – zumeist handelt es sich um einen Mix. Hinzu kommt: Dieser Mix und seine Zusammenstellung ändern sich im Laufe der Zeit; neue Wünsche treten in den Hintergrund, andere rücken nach vorn.

Der Marketingprozess spielt sich also immer in einem dynamischen Spannungsfeld vieler Menschen ab, die sich auf dem Markt bewegen. Wie aber soll der Unternehmer in diesem facettenreichen Spannungsfeld zu allgemeingültigen und verallgemeinerungsfähigen Aussagen gelangen, die es ihm erlauben, ein tragfähiges und zukunftstaugliches Marketingkonzept zu erstellen, das nicht permanent und täglich den wechselnden Erwartungen, Hoffnungen und Zielen der Menschen angepasst werden muss? Das aber andererseits auch nicht in unflexiblen Kategorien erstarrt, wodurch die notwendige Anpassung an die aktuellen Herausforderungen unmöglich wird?

Ich habe die Erfahrung gemacht, dass eine kreative und offene Denkweise weiterhilft, die sich auf bestimmte Grundüberzeugungen stützt. Diese Grundüberzeugungen bieten einen Rahmen – und was sich in diesen Rahmen tagtäglich an Aktivitäten abspielt, die das Überleben und Bestehen am Markt sicher stellen, muss sich immer wieder auf diesem Halt und Orientierung bietenden Rahmen beziehen.

Für mich waren und sind es immer die folgenden Grundüberzeugungen gewesen, die meinen Marketingaktivitäten einen Rahmen gegeben haben:

Der Mensch steht im Mittelpunkt aller wirtschaftlichen Handlungen
Auf die Herleitung dieser Grundüberzeugung aus der philosophischen Ethik bin ich bereits eingegangen. Der Unternehmer hat also immer mit Menschen zu tun, mit Individuen, mit Kunden und Mitarbeitern.

Der Mensch ist ein Verstandes- und Vernunftwesen – und ein Gefühlswesen
Sie sagen, diese Aussage sei eine Banalität? Sicherlich – und ganze Wissenschaftszweige von der Biologie über die Psychologie bis zur Philosophie beschäftigen sich mit den entsprechenden Zusammenhängen dieser „Banalität". Und das werden sie noch viele Jahrzehnte oder gar Jahrhunderte tun, denn die Konsequenzen dieser Zusammenhänge sind dramatisch. Nun wird sich ein Unternehmer nicht andauernd mit den diesbezüglichen Forschungsergebnissen beschäftigen können und wollen – wichtig ist, dass er akzeptiert, dass die Handlungen der Menschen einerseits von Verstand und Vernunft geleitet werden, andererseits aber von ihren Gefühlen und Emotionen. Das Problem: Viele Unternehmer und Führungskräfte sind zu „verkopft"; das hat sicher auch mit unserem Schulwesen, unserem Ausbildungswesen – vor allem dem universitären – und unserer Sozialisation zu tun. Sie haben schon Probleme damit, sich selbst als ein Gefühlswesen zu sehen; ihr Selbstbild ist vielfach von der Überzeugung geprägt, etwa Entscheidungen stets vernünftig und sachbezogen zu treffen.

Unsere rationalistisch und häufig gar materialistisch geprägte Gesellschaft hat so ihre lieben Probleme mit den Gefühlen. Sie scheinen nur noch auf eine sehr überspannte oder gar hysterische Art und Weise in menschelnden Talkshows Platz zu haben. Oder aber sie werden verdrängt und verleugnet. Denn wir favorisieren das Mess- und Überschaubare und wollen alles in handfeste Kategorien fassen, um so zu einer Stabilität zu gelangen, die wir durch so schwer Fassbares wie Gefühle und Emotionen gefährdet sehen.

Die Folge ist, dass sich viele Unternehmer mit ihren eigenen Gefühlen nicht auseinander setzen können und wollen – wie sollen sie dann akzeptieren können, dass sie es nicht mit vernunftgeleiteten Kunden zu tun haben, die Entscheidungen eben nicht nur rational treffen? Wie sollen sie dann akzeptieren können, dass sie es im Führungsprozess nicht mit Mitarbeitern zu tun haben, die wie Rädchen im Getriebe funktionieren und nach dem Motto „Gebe ihnen A (etwa mehr Geld) und sie werden B (also was ich von ihnen erwarte) tun" handeln? Wie sollen sie dann akzeptieren können, dass „der Markt" keine anonyme Institution ist, sondern der lebendige, energievolle „Ernährer" für alle Unternehmer und die Basis für die Realisierung der Ziele und Vorhaben jener Unternehmer?

Bezogen auf die Wirtschaft wird gerade in Extremzeiten deutlich, dass Verstand, Vernunft, Gefühle und Emotionen in menschlichen Handlungen und Entscheidungsprozessen eine Rolle spielen, und zwar in ganz verschiedenen Ausprägungen. In Boomzeiten, wenn also „der Rubel rollt", entscheidet der eine Unternehmer aufgrund der Faktenlage – er trifft mithin eine sachlich begründbare Entscheidung. Vielleicht aber vergibt er gerade dadurch Chancen, weil er nicht das Herz hat, mehr zu wagen und auch ein-

mal ein Risiko einzugehen. Der andere wiederum zeigt eine Überreaktion, glaubt enthusiastisch an seinen Erfolg, vergisst darüber jedoch, die Faktenlage genau zu analysieren. Hätte er nicht nur „aus dem Bauch heraus" gehandelt, sondern zudem verstärkt seine Denkwerkzeuge benutzt, hätte er vielleicht etwas vorsichtiger reagiert.
Oder nehmen wir den Kunden in wirtschaftlich eher schwierigen Zeiten. Er spart und spart und spart und legt ein Verhalten an den Tag, das höchst irrational ist. Warum? Weil er Angst hat. Würde er in Ruhe nachdenken, käme er eventuell zu dem Schluss, sich doch zumindest die neue Coachgarnitur leisten zu können. Auch viele Unternehmer handeln nach diesem Schema und halten sich mit Investitionen zurück, obwohl die nüchterne Analyse dagegen spricht. Andere Kunden wiederum nehmen nach dem Motto „Nach mir die Sintflut" den nächsten Kredit auf.

Alle diese Reaktionsweisen sind zutiefst menschlich, sie sind menschlich-allzumenschlich. Und sie belegen anschaulich, dass der Unternehmer beachten muss, dass der Markt aus Menschen besteht, die mal rational, mal gefühlsmäßig, mal irrational handeln – und die auch mal alle Verhaltensmuster zugleich an den Tag legen. Und das gilt auch für den Unternehmer selbst!

Gefühle sind Tatsachen!
Es ist gerade jene bereits angesprochene „Verkopfung", durch die die meisten Unternehmer zwar keine Probleme damit haben, sich selbst, ihre Kunden und Mitarbeiter als Verstandeswesen zu betrachten und dies bei ihren Handlungen und Entscheidungen ins Kalkül zu ziehen. Schwieriger ist es hingegen mit den Aspekten, die in die

Richtung der Gefühle und Emotionen gehen. Dabei sollte doch eigentlich einsichtig sein, dass unser Verhalten zu einem Großteil von den Gefühlen gesteuert oder zumindest beeinflusst wird. Alle Dinge, Güter, Geschehnisse, Personen, begehrenswerte Objekte, Daten oder Zustände haben für den Menschen jeweils nur in dem Maße einen Wert und eine Bedeutung, in dem sie auslösende Signale für angenehme und unangenehme Gefühle sind. Die Gefühle erst lassen uns Dinge werten, schätzen, begehren oder ablehnen. In ihnen liegt die Kraft der Triebe, die Antriebskraft des Wollens, Begehrens, Wünschens und Handelns – sie lenken unser Wollen, Wünschen, Werten Denken und Handeln.

Entscheidend ist, dass es halt angenehme und unangenehme Gefühle gibt. Das heißt: Das Marketingkonzept muss bei seinen „Ansprechpartnern" – den Kunden und den Mitarbeitern als den Akteuren, die es umsetzen – die Entstehung negativer Gefühle vermeiden und vielmehr darauf ausgerichtet sein, positive Gefühle zu bewirken.

Rationale und emotionale Aspekte müssen in Balance gebracht werden
Natürlich dürfen wir nun nicht in das andere Extrem verfallen und einem Gefühlskult huldigen. Neben dem Entweder-oder gibt es das wohltuende Sowohl-als-auch, das zum rechten Maß führt. Die Gefühle müssen und sollen berücksichtigt werden – auch beim Wirtschaften und bei der Unternehmensführung. Aber sie dürfen unser Denken nicht beherrschen und auf unzulässige Weise beeinflussen. Denn ansonsten stehen wir im psychologischen Nebel, der den Blick auf die Tatsachen trübt. Das Wechselspiel zwischen vernunftgemäßen Bewertungen und emotionalen Reaktionen muss akzeptiert und berücksichtigt werden.

Die Ausbalancierung zwischen Ratio und Gefühl ist wichtig für den Beziehungsaufbau und führt zu einem Marketing mit Herz und Verstand

Wenn es dem Unternehmer gelingt, im Kontakt mit Kunden und Mitarbeitern die Verstandesebene und die Gefühlsebene zu beachten, ist der Aufbau von langfristig wirksamen Beziehungen möglich. Denn die „Ansprache" der Mitarbeiter und Kunden richtet sich nun an Herz und Verstand. Natürlich ist auch dies keine Erfolgsgarantie, aber die Wahrscheinlichkeit, zu vertrauensvollen und authentischen Beziehungen zu gelangen, steigt. Ich greife schon ein wenig vor, wenn ich sage, dass Sie so die Entstehung eines Marketingkonzeptes verhindern, das zwar klug und einsichtig, aber auch blutleer ist. Möglich ist vielmehr ein Marketingkonzept, das zu der für den unternehmerischen Erfolg so unentbehrlichen Begeisterung führt – Marketing sollte genau wie Unternehmensführung immer mit Freude, Leidenschaft und Mut betrieben werden, mit Herzblut und Gefühl.

Aber so entsteht auch ein Marketingkonzept, das auf rationalen Entscheidungen gründet und auf Gesichtspunkte wie Marketingzielsetzung, Marketingplanung, Marketingorganisation und Marketingcontrolling Rücksicht nimmt. Der Unternehmer wird das Vertriebssystem analysieren, den Ist-Zustand des Unternehmens unter die kritische Lupe nehmen, eine Konkurrenzanalyse und Kundenanalyse durchführen und das gesamte Rüstzeug und Instrumentariums des Marketings einsetzen. Aber eben mit Herz und Verstand und wissend, dass auch die Kunden und Mitarbeiter nicht nur nach rationalen Kriterien entscheiden. Und so kann Marketing zu einer aktiv gestaltenden Kraft werden, die derjenige Unternehmer zu beleben und zu nutzen weiß, der die Einstellung hat, die sich in jenen genannten fünf Grundüberzeugungen niederschlägt.

Oder anders ausgedrückt: Marktforschung ersetzt nicht die Notwendigkeit, die Mentalität, das Verhalten und die Gefühle des Kunden verstehen zu müssen.

1.2 Marktdynamik entsteht durch Selbstbewusstsein und die Schaffung von Werten

Ich habe sehr ausführlich von der Bedeutung der Gefühle gesprochen, möchte aber betonen, dass im Marketing eine grundsätzlich positive Einstellung eine ebenso bedeutende Rolle spielt. Wer mein Buch „Unternehmer sein mit Körper, Geist und Seele" kennt, wird sich an den Satz erinnern: „Ich denke, dass ich bin, wie ich denke, deshalb wird mir mein Denken zum Schicksal". Mit diesem Satz möchte ich zum Ausdruck bringen, wie wichtig die Denkhaltung des Unternehmers bei der Unternehmensführung und auch bei der Marketingkonzeption ist. Wem es gelingt, bei sich selbst und den Mitarbeitern das Feuer der Begeisterung zu erwecken, durch das es möglich wird, das Unmögliche zu denken und zu wagen, kann die Macht der positiven Gedanken nutzen. Er muss allerdings darauf achten, nicht in unrealistischen Übermut zu verfallen: Positives Denken darf nicht dazu führen, die Realitäten außer Acht zu lassen und zu verkennen. Positives Denken als „strategische Grundlage" sowie die realistische Beurteilung einer Situation im operativen Tagesgeschäft – das ist die Energiequelle, aus der derjenige Unternehmer schöpfen muss, der ein Marketingkonzept schaffen will, durch das sich Wettbewerbsvorteile aufbauen und langfristig sichern lassen. Ein Marketingkonzept, das zum Ausdruck bringt, es wolle den Menschen grund-

sätzlich „etwas Gutes tun" und ihnen einen möglichst großen Nutzen stiften, wird bei den Kunden immer angenehme Gefühle wecken. Und dies um so mehr, wenn Ihre Mitarbeiter und Sie dieses Konzept lebendig, freudig und überzeugt kommunizieren und verwirklichen.
Geleistet werden kann all dies nicht von einem stets übellaunigen und miesepetrigen Unternehmenslenker. Dieser muss an sich selbst glauben und daran, dass seine Produkte und Dienstleistungen für den Kunden, um den sich alles dreht, einen Wert darstellen oder für ihn sogar einen Wert schaffen. Dass dies dann durch die Qualität des Produktes oder der Dienstleistung gleichsam legitimiert sein muss, versteht sich von selbst – ansonsten ist Scharlatanerie die Folge, und über kurz oder lang wird der unternehmerische Misserfolg eintreten.
Von Bedeutung ist also, dass der Unternehmer sich selbst achten kann, Selbstbewusstsein und Selbstüberzeugung an den Tag legt oder: sich einfach selbst mag. Albert Schweitzer hat einmal gesagt: „Ich bin Leben, das leben will, inmitten von Leben, das leben will". Dies bedeutet zunächst: Ich bin Leben, das leben will – dazu muss ich stark sein und ein gesundes Selbstwertgefühl haben. Erst dann kann ich dafür sorgen, dass auch andere leben können – und zwar mit Hilfe dessen, was ich kann, was ich weiß, was ich anderen anbieten kann.
Hinzu kommt:

Es ist natürlich schwer, andere zu mögen und ihnen einen Nutzen zu stiften, wenn man sich selbst nicht mag oder nicht wertschätzt.

Nun ist die Frage, welche Eigenschaften dazu führen, dass man sich selbst wertschätzen kann. Ich meine, dazu gehören Eigenschaften wie Ehrbarkeit, Anständigkeit, Redlichkeit und Zuverlässigkeit. Wenn ein Unternehmer diese Eigenschaften in sich vereinigt, hat er nicht nur das Recht, sondern auch die Pflicht, sich selbst zu mögen. Und so ist es ihm möglich, auch andere Menschen wert zu schätzen – also auch den Kunden: eine wichtige Grundlage, um am Markt erfolgreich zu sein.

Bei den Unternehmen, die ich im Laufe meiner Beratungstätigkeit kennen gelernt habe, konnte ich immer wieder feststellen, dass Unternehmer, die eine positive Grundeinstellung beherzigen und überzeugt sind, sie könnten für den Markt – also den Menschen – etwas Gutes leisten, dies auch ausstrahlen: in ihrer Körperhaltung, in ihren Worten, in ihren Handlungen sowieso. Sie besitzen jene Aura, jenes kaum beschreibbare Charisma, das jeden, der ihnen begegnet, zu der Aussage veranlasst: „Für diesen Menschen und sein Unternehmen würde ich gerne arbeiten, ihm meine Kraft zur Verfügung stellen, damit wir gemeinsam den Kunden einen Nutzen und einen Wert stiften können." Oder auf den Kunden bezogen: „Bei diesem Unternehmen kaufe ich gerne ein, denn ich spüre, dass ich dort als Mensch im Mittelpunkt stehe."

Das heißt: Diese Ausstrahlung überträgt sich auf das Unternehmen – es weht dort oft ein motivierender Geist und es herrscht eine mitreißende Stimmung, die gleichsam mit Händen greifbar ist. Übrigens gilt dies auch im umgekehrten Sinne: Bei manchen Unternehmen, deren Empfangshalle man betritt, glaubt man schon dort zu spüren, es gehe hier um alles andere als um Kundenorientierung und es stehe bestimmt nicht der Kunde mit seinen Erwartungen und Wünschen im Vordergrund.

Zurück zur positiven Grundeinstellung und Denkhaltung: Solche Unternehmer können gar nichts anderes entwickeln als ein motivierendes und mitreißendes Marketingkonzept, das auf die Kunden eine suggestive Kraft ausübt, der sie sich kaum entziehen können – weshalb manche diese Kraft als manipulierend bezeichnen. Ich bin jedoch der Meinung, dass dies bei charismatischen und visionären Unternehmer und Unternehmen nicht der Fall sein kann – weil sie ansonsten nämlich gar nicht diese charismatische Wirkung entfalten könnten. Vielmehr spüren die Menschen, dass es hier keinen Widerspruch zwischen den Werten, Überzeugungen, Fähigkeiten und Verhaltensweisen gibt – und das führt zu Authentizität und Glaubwürdigkeit, was wiederum ermöglicht, dass die Kunden Vertrauen zu dem Unternehmen und seinen Leistungen aufbauen.

Es ist daher sehr wichtig, seiner Einstellung die entsprechenden Handlungen im konkreten Umgang mit den Menschen – den Kunden und den Mitarbeitern – folgen zu lassen. Und dies ist auf das Unternehmen übertragbar. Auch Ihr Unternehmen kann Glaubwürdigkeit, Authentizität und Glaubwürdigkeit ausstrahlen, wenn es als ganzheitlicher Organismus aufgebaut ist, dessen einzelne Bereiche zum Wohle des Kunden zusammenwirken.

Bescheidenheit ist eine Tugend – aber falsche Bescheidenheit eine Untugend. Ein gut funktionierendes Unternehmen ist an sich schon ein großer Wert für die Gesellschaft, was auch dazu führt, dass man jeden Menschen beglückwünschen kann, der sich entschieden hat, Unternehmer oder Führungskraft zu werden. Man kann zudem jene Menschen beglückwünschen, die in einem gut geführten Unternehmen die Chance haben, Aufgaben zu übernehmen, die zur Schaffung echter Werte führen. Jeder Unternehmer sollte sich

vor Augen halten, dass ER es ist, der diesen Menschen die Möglichkeit gibt, sich in ihrer Arbeit zu entfalten und zu entwickeln.
Natürlich braucht der Unternehmer andere Menschen, um in gemeinsamer Anstrengung die Unternehmensziele zu realisieren. Aber aus seiner Sicht besteht der besondere Wert darin, das zu bieten, was zur Zeit am dringendsten gebraucht wird: nämlich Arbeit und Menschen mit einer sinnvollen Aufgabe zu beschäftigen.

Die Wertegemeinschaft der Unternehmer

Der zweite große Wert, den Sie als Unternehmer bieten, ist, dass Sie zu der größten und wichtigsten Wertegemeinschaft gehören, die es gibt, nämlich der Wertegemeinschaft der Unternehmer. Diese Wertegemeinschaft ist nicht nur die größte, sondern auch die wirkungsvollste: Sie bringt nämlich all das Geld auf, das für Soziales, Humanes und Kulturelles notwendig ist. Es gibt viele weitere Wertegemeinschaften, die auch Gutes tun – aber ausnahmslos benötigen diese Gemeinschaften die Mittel, die von der Wertegemeinschaft der Unternehmer erwirtschaftet werden.
Beide Aspekte führen dazu, dass Sie als Unternehmer – und die Menschen in Ihrem Unternehmen – ein gutes und zu Recht gesundes Selbstwertgefühl haben dürfen, das Sie nun zur Entfaltung von Marktdynamik einsetzen können.
Zudem schaffen Sie natürlich in Form von Produkten, Dienstleistungen und Geistleistungen Werte. Hier ist es besonders wichtig, diese Werte genau zu beschreiben. Nur wenn es Ihnen gelingt, den genauen Nutzen Ihres Leistungsangebotes für Ihre Kunden und Zielgruppen verständlich zu benennen, wird dieser Nutzen auch vom Kunden gewünscht werden. Deshalb sollten Sie Ihre Leis-

tungen einer genauen Analyse unterziehen, in der folgende Fragen im Mittelpunkt stehen:
- Welche Produkte, Dienstleistungen oder Geistleistungen verkaufen Sie zur Zeit?
- Wem bieten Sie dadurch echte Werte? Warum sind das aus Ihrer Sicht echte Werte?
- Welcher Zustand oder welcher Bedarf wird dadurch bei Ihren Kunden verbessert?
- Wie unterscheiden sich Ihre Leistungen von anderen Herstellern oder Anbietern des gleichen Leistungsangebots?
- Verfügen Sie über ein spezielles Know-how?
- Welche Vorteile bringt dieses Know-how dem Verbraucher oder dem Käufer Ihrer Leistungen?
- Wie nutzen Sie diese Vorteile für Ihr Unternehmen für die Zukunft?
- Was tun Sie, um diese Stärken und Werte permanent zu optimieren?
- Konzentrieren Sie sich auf Ihre Kernkompetenz und optimieren Sie diese?
- Dient der daraus resultierende Erfolg der Zukunftssicherung Ihres Unternehmen und der Menschen, die ihre Kraft und ihr Können in Ihr Unternehmen investieren?

Diese Fragen – so hoffe ich – mögen Ihnen zeigen, welche nutzenstiftenden Werte Sie für Ihre Kunden, aber auch die Gesellschaft schaffen. Und dies sollte dazu führen, zu einem Selbstbewusstsein zu gelangen, das Sie dabei unterstützt, mit Freude und Begeisterung Ihr Unternehmen und ein dynamisches Marketingkonzept zu entwickeln.

Nehmen Sie sich Zeit zum Nachdenken!

- *Wie definieren Sie den Begriff „Markt"?*
- *Was halten Sie von den dargestellten fünf Grundüberzeugungen? Wo gibt es Übereinstimmung, wo Widerspruch?*
- *Sind Sie davon überzeugt, dass Ihr Unternehmen seinen Kunden einen Nutzen und Wert bietet?*
- *Welche Werte schaffen Sie mit Ihrem Unternehmen, welchen Nutzen stiften Sie?*
- *Wie denken Sie über Ihr Unternehmen und Ihre Tätigkeit?*
- *Werden Sie und Ihre Mitarbeiter eher von negativen oder positiven Gedanken beherrscht?*
- *Welchen Einfluss hat dies auf Ihre unternehmerischen Aktivitäten?*

Kapitel 2:

Marktdynamik entsteht durch gute Mitarbeiterbeziehungen

Was Ihnen dieses Kapitel bietet

Marktdynamik entsteht, wenn alle Menschen im Unternehmen bei der Aufgabe, zum einzigartigen Problemlöser des Kunden zu werden, „an einem Strang ziehen" und dies mit Herz und Verstand, mit Leidenschaft und einer positiven Denkhaltung tun. Der Unternehmer kann dabei als Führungskraft einen wertvollen Beitrag leisten, nämlich durch seinen mitarbeiterorientierten Führungsstil. Dabei sollte er aber nicht nur die einschlägigen Führungstechniken und -instrumente nutzen, sondern den Mitarbeiter vor allem als Menschen behandeln, ihm Achtung und Respekt entgegenbringen und berücksichtigen, dass er ein Verstandes- UND Gefühlswesen ist.

2.1 Die besten Mitarbeiter finden

Umfragen zeigen, dass es selbst nach Meinung von Unternehmern und Führungskräften dringend erforderlich ist, im Bereich der „Führungskompetenz", die oft auch als Sozialkompetenz bezeichnet wird, verstärkt Weiterbildungsangebote wahrzunehmen. Noch wichtiger als der Besuch von Seminaren und Trainings ist aber meiner Ansicht nach, den Weg der persönlichen Beziehungspflege zu den Menschen, zu den Mitarbeitern einzuschlagen. Zwar ist es möglich, etwa in Seminaren zum Thema „Beziehungsmanagement" die diesbezüglichen Strategien und Methoden zu erlernen. Aber zum Beziehungsmanagement gehört auch so etwas wie „emotionale Intelligenz" – und die lässt sich nur schwer erlernen. Vielmehr muss sich der Unternehmer zunächst einmal die diesbezügliche Einstellung erarbeiten, der Mitarbeiter sei jemand, zu dem er eine Beziehung aufbauen solle. In den letzten Jahren mussten zum Beispiel Großunternehmen und Banken die oft schmerzliche Erfahrung machen, dass der unpersönliche, nur über Geräte und Drucker stattfindende Umgang mit Menschen zu enormen Verlusten von Kunden und Geschäftsstellen führte. Dies wird nun, wie mir scheint, wieder korrigiert.
Was heißt eigentlich Führen und Führungskompetenz? Führen heißt zunächst, Menschen im Unternehmen ernst zu nehmen. Denn diese Menschen sind es, die den direkten Kontakt zum Kunden und somit zum Markt haben.
Eine wichtige Aufgabe für Unternehmer und Personalchefs besteht darin, die Menschen zu finden, die notwendig sind, um die unternehmerischen Ziele zu erreichen. Gleichzeitig sollten diese Menschen sich aber auch begeistern lassen und in der Lage sein, sich selbst zu motivieren. Der Unternehmer muss mithin Motive bieten, damit

alle mit Begeisterung an der Verwirklichung der Ziele mitwirken können und mitwirken wollen. Nun sind die meisten Unternehmen davon aber noch sehr weit entfernt, wie eine Untersuchung des Meinungsforschungsinstituts Gallup ergeben hat. Nur 15 Prozent aller Deutschen sind der Gallup-Studie zufolge, für die 2.000 Arbeitnehmer befragt wurden, engagiert bei der Arbeit und empfinden ihren Job als befriedigend. Dagegen machen 69 Prozent „Dienst nach Vorschrift"; sie fühlen sich ihrem Unternehmen gegenüber nicht wirklich verpflichtet. 16 Prozent haben sich gar „innerlich verabschiedet". Das Institut beziffert den daraus resultierenden gesamtwirtschaftlichen Schaden auf jährlich rund 220 Milliarden Euro – nur 26 Milliarden weniger, als der Bundeshaushalt 2003 umfasste. Tendenziell ist das Engagement am Arbeitsplatz in Ostdeutschland mit 11 Prozent geringer als in Westdeutschland (16 Prozent). Zudem zeigt sich ein Geschlechterunterschied. So sind 19 Prozent der weiblichen Arbeitnehmer, aber nur 11 Prozent der Männer engagiert im Job.

Sind Deutschlands Arbeitnehmer faul und unwillig? Dieses Erklärungsmuster greift sicherlich zu kurz – der wichtigste Grund für den Arbeitnehmerfrust, so fanden die Gallup-Leute heraus, liegt im „schlechten Management": Der Fisch fängt am Kopf an zu stinken. Die befragten Arbeitnehmer gaben unter anderem an, dass sie nicht wüssten, was von ihnen erwartet werde, und ihre Vorgesetzten sich nicht für sie als Menschen interessierten. Außerdem müssten Mitarbeiter häufiger eine Position ausfüllen, die ihnen nicht liege, ihre Meinungen und Ansichten hätten kaum Gewicht. Noch gravierender ist laut Gallup, dass Mitarbeiter sich immer weniger engagieren, je länger sie in ihren Unternehmen tätig sind.

Diese Ergebnisse decken sich übrigens auch mit anderen Untersuchungen, die beweisen, dass nur 14 Prozent aller im Beruf Stehenden voll engagiert mitwirken und 86 Prozent eher zu den Bewahrern zählen.

Die Untersuchungen zeigen, dass es im Bereich der Mitarbeiterführung ein gewaltiges Entwicklungspotenzial gibt. Um dies zu aktualisieren, ist es notwendig, dass jeder Unternehmer sein Führungsverhalten reflektiert und überdenkt – das gilt natürlich auch für die Führungskräfte. Dabei liegt der Bezug zur Marktdynamik auf der Hand. Denn wie soll sich diese entfalten, wenn die Mehrzahl der Mitarbeiter ohne Engagement arbeiten? Friedrich der Große hat einmal gesagt: „Wenn es uns gelingt, an jedem Ort den denkbar besten Mann zu haben, sind wir der mächtigste Staat Europas." Das ist sehr gut übertragbar auf unsere modernen Wirtschaftsunternehmen unterschiedlichster Branchen und Größe: Wenn es Ihnen gelingt, in Ihrem Unternehmen für jede Position die denkbar beste Frau, den geeignetsten Mann zu finden, besitzen Sie einen enormen Wettbewerbsvorteil, der Sie in allen Bereichen moderner Unternehmensführung stark macht und zur Überlegenheit am Markt führen wird.

Wie aber kommen Sie zu den Besten? Nun: Um die richtigen Mitarbeiter zu bekommen, eignen sich die folgenden drei einfach umsetzbaren Schritte:

1. Zunächst bedarf es eines Anforderungsprofils, in dem Sie auf der Grundlage des freien Arbeitsplatzes, der neu besetzt werden soll, festlegen, welche Erwartungshaltung Sie an den neuen Mitarbeiter stellen. Diese Arbeit muss man sehr gründlich erledigen. Sehr häufig wird zu viel oder nur auf fachliche Qualität und Wissen geachtet. Das führt häufig zu Fehleinstellungen. Die Entlassung danach erfolgt dann etwa

wegen charakterlicher Schwächen. Deswegen muss das Profil fachliche, methodische, soziale und menschliche Komponenten umfassen.
2. Dann prüfen Sie einen Bewerber mit Hilfe eines Testbogens, auf dem die Kriterien der gewünschten Anforderungskriterien mit dem tatsächlichen Qualifikationsprofil des Bewerbers abgeglichen werden können.
3. Dann entscheiden Sie, ob Sie vielleicht schon den „Richtigen" gefunden haben oder ob der Bewerber durch geeignete Weiterbildungsmaßnahmen oder indem Sie ihm einen Paten zur Seite stellen die fehlenden Qualifikationen erwerben kann. Denn es lohnt sich vielleicht, einen engagierten Bewerber, der hoch motiviert ist, dem es aber an der einen oder anderen Stelle an dem notwenigen fachlichen Know-how fehlt, dazu zu verhelfen, die entsprechenden Fähigkeiten nachträglich zu erlangen.

Wer nun glaubt, das mache zu viel Arbeit oder man hätte dafür nicht genügend Zeit, der muss sich fragen, wofür er seine Zeit besser einsetzen kann als dafür. Ich möchte betonen: Wer glaubt, für wichtige Dinge keine Zeit zu haben, braucht gerade für diese Dinge die allermeiste, wenn auch zu einem ungeliebten Zeitpunkt, den man dann sehr häufig nicht mehr selbst bestimmen kann.
Wenn eine Einstellung sich als Fehleinstellung herausstellt, so ist das in aller Regel sehr teuer – und der Aufwand, den „Richtigen" zu finden, beginnt von Neuem. Eine unökonomische Vorgehensweise, die in vielen Unternehmen noch sehr verbreitet ist. Hinzu kommt: Der Wechsel auf einer Führungsposition kostet ein Unternehmen nach Recherchen, die auch wir durchgeführt haben, mindestens 50.000 €, und zwar ohne Abfindung!

Eine Alternative besteht darin zu untersuchen, ob sich Ihre Mitarbeiter tatsächlich auf dem Arbeitsplatz befinden, an dem sie ihre Potenziale optimal ausschöpfen können. Vielleicht ist der Controller ein „verkappter" Kreativer, der eher in die Strategiegruppe gehört, in der die zukünftigen Richtlinien Ihrer Unternehmenspolitik festgelegt werden? Vielleicht ist die Buchhalterin besser in der Logistik aufgehoben? Ist der zweite Mann in der Personalabteilung zum Personalleiter prädestiniert – so dass die Stelle, die der jetzige Personalleiter, der demnächst pensioniert wird, nicht neu ausgeschrieben werden muss? Vielleicht ist der beste Nachfolger bei Ihnen schon angestellt!
Führen Sie den Abgleich von Anforderungs- und Qualifikationsprofil also auch bei Ihren jetzigen Angestellten durch. Und prüfen Sie, ob ein Mitarbeiter eventuell über ein „verstecktes" Talent verfügt, das Sie zur Entfaltung von Marktdynamik nutzen können.

Nehmen Sie sich Zeit zum Nachdenken!

- *Überlegen Sie bei Ihren Führungskräften und Mitarbeitern – möglichst bei allen, aber zumindest bei den wichtigsten Positionen –, ob auf dem jeweiligen Arbeitsplatz der Beste/der Richtige tätig ist, so dass sie dort wirklich zur Entwicklung von Marktdynamik beitragen können.*
- *Wenn es Änderungs- und Optimierungsbedarf gibt: Was ist zu tun?*
- *Entfaltet jeder Ihrer Mitarbeiter und Führungskräfte an seinem Arbeitsplatz ein Höchstmaß an Marktdynamik? Sind vielleicht Umstrukturierungen notwendig?*
- *Verfügen Ihre Mitarbeiter über brach liegende Talente, die zur Entfesselung von Marktdynamik beitragen könnten? Wie können Sie diese Talente entfesseln?*

2.2 Mitarbeiter optimal führen

Gerade wenn Sie die geeignetsten und besten Mitarbeiter um sich versammelt haben, kommt es nun ganz auf Sie an, durch Ihre Führungsarbeit und Ihre Sozialkompetenz dazu beizutragen, dass sie nicht nur die besten sind, sondern auch bleiben, und ihre Fähigkeiten im Sinne der Marktdynamik einsetzen. Es gibt einige Führungsprinzipien, die Sie mit hoher Wahrscheinlichkeit dabei unterstützen werden:

1. Alle im Unternehmen, ob neue oder bewährte Mitarbeiter, müssen Ihre Vision sowie die lang, mittel- und kurzfristigen Unternehmensziele genau kennen. Diese werden nicht auf Hochglanzpapier oder per E-Mail vermittelt, sondern durch die ganz normale zwischenmenschliche Kommunikation in Form von bestens vorbereiteten Gesprächen von Angesicht zu Angesicht – mit Ihnen oder dem unmittelbaren Vorgesetzten.
2. Alle Mitarbeiter müssen genau wissen, was von ihnen erwartet wird. Hier helfen genaue und ausführliche Arbeitsplatzbeschreibungen weiter. Diese sollten aber nicht nur die Tätigkeit selbst beschreiben, sondern auch den Sinn der Arbeit bezüglich der Gesamtentwicklung des Unternehmens und im Rahmen der übergeordneten Unternehmensziele. Denn wer weiß, welchen Sinn seine Tätigkeit für das Ganze hat, geht motivierter und engagierter zu Werke, ist ihm doch nun bewusst, welchen Beitrag seine Arbeit zum Gelingen einer größeren Aufgabe beiträgt.
3. Die größte Bedeutung im Management wie auch in der Führung insgesamt haben klare Zielvereinbarungen, die mit jedem Mitarbeiter verabredet werden. Sie geben Orientie-

rung und schaffen zugleich Freiräume für die Entfaltung von Eigeninitiative. Dies gelingt, wenn die Ziele in einem eindeutigen Zusammenhang mit Ihrer unternehmerischen Vision stehen. Und sie tun das, wenn es Ihnen gelingt, die Ziele zu emotionalisieren – der Mensch ist ein Verstandes- und Gefühlswesen! Das heißt, Menschen im Unternehmen müssen sich mit den Zielen identifizieren können, und das setzt Beteiligung voraus; nicht gleich am Kapital des Unternehmens, sondern zum Beispiel bei der Entwicklung und Festlegung der Ziele, die den eigenen Aufgabenbereich betreffen, und den Entscheidungen, an denen die Mitarbeiter mitwirken können.

4. Ihre Führungskräfte müssen über eine konkrete Möglichkeit verfügen, die Erreichung der Ziele überprüfen zu können. Das hat nichts mit Kontrolle zu tun – aber wenn sich herausstellt, dass Ziele nicht erreicht werden konnten oder nicht genügend zur Marktdynamik beitragen, muss nach den Ursachen geforscht und eventuell eine Zielkorrektur vorgenommen werden.

Ihre Sozialkompetenz ist gefragt

Es gibt meines Wissens keinen Menschen, der nur gute Eigenschaften hat. Wir müssen somit unsere Mitarbeiter als Menschen sehen, mit all ihren Vor- und Nachteilen, mit all ihren guten und weniger guten Eigenschaften. Es gilt, die Vorteile, die zu Marktdynamik führen, besonders zu verstärken und zu fördern, und die Nachteile, wo immer es möglich ist, zu minimieren, und zwar so, dass der Mitarbeiter Ihre Führungstätigkeit, die zur Minimierung jener Nachteile führt, positiv bewertet und versteht. Er sollte nachvollziehen können,

dass Sie ihn nicht bevormunden, sondern ihm helfen wollen, seine Kompetenzen und Fähigkeiten voll zu entfalten.
Dazu passt eine Aussage von Johann Wolfgang von Goethe. Er sagte: „Wenn wir die Menschen nur nehmen, wie sie sind, so machen wir sie schlechter; wenn wir sie behandeln, als wären sie, was sie sein sollten, so bringen wir sie dahin, wohin sie zu bringen sind." Ihre Führungsarbeit, aber auch die entsprechenden Mitarbeiterschulungen sollten darauf ausgerichtet sein, die Mitarbeiter dabei zu unterstützen, das, was in ihnen angelegt ist, zur Blüte zu bringen. In diesem Zusammenhang ist es sinnvoll, die Vorbildfunktion wahrzunehmen:

Denken und handeln Sie so, wie Sie es auch von Ihren Mitarbeitern erwarten, geben Sie ein nachahmenswertes Vorbild.

Der Kernpunkt der Führungsarbeit ist das Führen von Menschen. Darum ist es wichtig, dass Sie über menschliche und soziale Kompetenz verfügen und den gesunden Menschenverstand walten lassen. Das gelingt, wenn Sie „den Menschen im Mitarbeiter" sehen und ihn mit all seinen Kanten und Ecken, mit all seinen Persönlichkeitsmerkmalen akzeptieren. Eigenschaften wie Fairness, Ehrlichkeit und die Akzeptanz und Toleranz sind bedeutsamer als die Beherrschung von bloßen Techniken.

**Mitarbeiterführung beginnt
mit Selbstmanagement**

Jeder Unternehmer muss sich darüber im Klaren sein, dass es die Qualität seiner Führungsarbeit ist, die entscheidend dazu beiträgt, Marktdynamik zu entfalten. Und jede Führungsarbeit beginnt damit, zuerst einmal über sich selbst nachzudenken. Ich habe schon einmal darauf hingewiesen, dass es schwer ist, andere Menschen wert zu schätzen, wenn man von sich selbst keine hohe Meinung hat und sich selbst nicht mag. Und wie will man andere Menschen führen, wenn man sich selbst nicht im Griff hat, sich selbst nicht zu führen versteht? Das heißt: Wer mit anderen Ziele absprechen will, muss zunächst einmal seine eigenen Ziele definieren und festlegen, wie er sie erreichen kann.

Dies kann geschehen, indem Sie sich Gedanken über Ihre Lebensvision machen und daraus Ihre privaten und vor allem unternehmerischen Ziele ableiten – in meinem Buch „Unternehmer sein mit Körper, Geist und Seele" habe ich ausführlich dargestellt, was dabei zu beachten ist.

Dieses Prinzip – nämlich zuerst sich selbst zu befragen, bevor man etwas von den anderen Menschen und den Mitarbeitern erwartet oder verlangt – zieht sich wie ein roter Faden durch Ihre Tätigkeit als Unternehmer, zum Beispiel:

- Wir leben in einer Zeit der permanenten Veränderung, des andauernden Wandels. Wenn Sie Veränderungsbereitschaft und Flexibilität von Ihren Mitarbeitern erwarten, fragen Sie sich bitte zunächst, ob Sie persönlich zur Veränderung bereit sind.
- Wenn Sie von Ihren Verkäufern erwarten, dass sie im Kundenkontakt genau zuhören, den Kunden aussprechen lassen, sich ganz und gar auf ihn einlassen, fragen Sie sich bitte, ob Sie

in Ihren Kundenkontakten und in Ihren Mitarbeitergesprächen ebenso vorgehen. Bedenken Sie: Sie wirken als Vorbild! Ein Mitarbeiter, der von Ihnen im Gespräch links liegen gelassen wird, dem Sie über den Mund fahren, der seine Argumente nicht vorbringen darf, überträgt dieses unkommunikative Verhalten vielleicht auf das Kundengespräch. SIE wirken in Ihren Kontakten mit den Mitarbeitern immer. Und es liegt in Ihrer Hand, ob Sie ein positives und motivierendes Vorbild abgeben, an dem sich der Mitarbeiter ruhig auch mal etwas reiben kann, mit dem er sich produktiv auseinander setzen kann – oder ein negatives.

· Wer selbst unpünktlich ist, kann Pünktlichkeit und Zuverlässigkeit nicht von den Mitarbeitern erwarten. Wenn Sie also bestimmte Verhaltensweisen bei Ihren Angestellten voraussetzen, fragen Sie sich bitte, wie Sie selbst es mit diesen Verhaltensweisen halten.

Die Liste ließe sich fortsetzen. Mir kommt es darauf an zu verdeutlichen, dass Sie zum einen als Vorbild wirken und zum andern nur das von anderen erwarten dürfen, was Sie selbst zu leben und vorzuleben bereit sind.

Geistleistungen durch Fragen fordern und fördern – das Beispiel „Verbesserungsvorschlagswesen"

Es gibt unendlich viele Möglichkeiten, die Kreativität und Einsatzbereitschaft der Mitarbeiter zu fördern – die Literatur zu dem Thema füllt ganze Regalwände. Befehle, Ratschläge, Empfehlungen, mitarbeiterorientierte Tipps, Belohnungen und so weiter – all diese Möglichkeiten, Mitarbeiter zu unterstützen, lassen nicht den Nutzen entstehen, der durch das Stellen der richtigen Fragen gegeben ist. Denn die Frage ist die höchste Form der Anerkennung. Wenn Sie Ihren Führungskräften nicht besserwisserisch zeigen und vorgeben, wo der richtige Weg ist, sondern sie nach ihrer Meinung fragen, fühlen sie sich ernst genommen und erkennen, dass Sie sie als Experten auf ihrem jeweiligen Gebiet anerkennen und sie daher gerne um Rat fragen. Natürlich: Sie behalten sich das Recht vor, im Zweifelsfall die letztgültige Entscheidung zu treffen. Zunächst aber holen Sie den Rat der Experten ein – Ihrer Mitarbeiter. Schließlich haben Sie sie – so denke ich – nicht als bloße Erfüllungsgehilfen eingestellt, denen Sie Anweisungen geben müssen, sondern weil Sie der Meinung sind, dass Sie – zum Beispiel – mit Herrn Schmidt oder Frau Müller den Besten oder die Beste für den Bereich Controlling, Logistik, Produktion oder Verkauf eingestellt haben. Bei der Einstellung Ihrer Mitarbeiter haben Sie also wohl vor allem geglaubt, dass sie Ihnen und Ihrem Unternehmen aufgrund ihrer Ausbildung und ihrer speziellen Fähigkeiten weiterhelfen können.

Der Vorteil des Führens durch Fragen ist: Wer gefragt wird, entfaltet Kreativität, gelangt zum Nachdenken und Selbstdenken, fühlt sich eventuell sogar geehrt und dann animiert, die bestmögliche Antwort oder Lösung zu finden.

Erziehung hat sehr viel mit Führung zu tun, und Führung mit Erziehung. Deswegen bin ich davon überzeugt, dass die Vorgehensweise, Fragen an die Menschen zu richten, die eine gute Ausbildung haben und die wir für wert halten, in unserem Unternehmen zu arbeiten, eine ganz wesentliche ist. Hinzu kommt: Wenn wir Fragen stellen und damit dem Mitarbeiter unser Vertrauen aussprechen, er die Frage jedoch (noch) nicht beantworten kann, wird er sich darum bemühen, dieses Wissen zu erwerben, fühlt er sich doch angespornt, unser Vertrauen zu rechtfertigen. Und das löst letztendlich Kreativität aus und führt dazu, dass sich jeder für sein Unternehmen und seinen Tätigkeitsbereich engagiert einsetzt – Marktdynamik entsteht.

Stellen Sie also Ihren Mitarbeitern Fragen – ganz gleich in welcher Position sie sich befinden. Natürlich sollten Sie die Art der Fragen abstufen und auf die konkrete Aufgabe oder die Position des Mitarbeiters abstimmen. Wichtig aber ist, dass Sie durch Fragen führen – nicht immer in der Erwartung, gleich eine Antwort zu erhalten, sondern vielmehr mit dem Ziel, Denkprozesse und eigenständiges Nachdenken auszulösen. Ihre Mitarbeiter werden durch diese einfache „Technik" zu Mitunternehmern und Beteiligten, die bereit sind, Verantwortung zu übernehmen.

Ein Beispiel, wie durch Fragen, ja sogar selbstkritische Fragen, die Kreativität der Mitarbeiter angeregt und Marktdynamik erzeugt werden kann, stellt das Verbesserungsvorschlagswesen dar, das meiner Ansicht nach vor allem in mittelständischen und kleinen Unternehmen häufig sträflich vernachlässigt wird. Häufig glaubt man, die zeitlichen und finanziellen Ressourcen fehlten, um ein effektives Verbesserungsvorschlagswesen einzuführen. Oder meint man gar, es gebe keine Verbesserungsmöglichkeiten?

Dabei gibt es ein relativ einfaches Instrument, mit dem Sie Ihr Verbesserungsvorschlagswesen aufbauen können – nämlich ein Formblatt mit einigen wenigen Fragen, das regelmäßig von den Mitarbeitern ausgefüllt und von der Führungskraft und dem Unternehmer ausgewertet wird. Wenn ein Vorschlag dabei ist, der zur Kostenersparnis oder zur Produktivitätssteigerung, also zu einer messbaren Verbesserung führt, kann der Nutzen für das Unternehmen enorm sein – und das bei einer überschaubaren zeitlichen Investition. Auf

diesem Formblatt finden sich nur einige wenige Fragen an Ihre Mitarbeiter – die Sie natürlich Ihren individuellen unternehmerischen Gegebenheiten anpassen müssen:
- Welche Punkte in Ihrem Bereich / bezüglich Ihrer Tätigkeit sind verbesserungswürdig?
- Warum ist dies so (bitte geben Sie ein konkretes Beispiel)?
- Wodurch können diese Punkte (= Schwachstellen) verbessert werden?
- Wie schauen die Folgen (= Nutzen) dieser Verbesserung aus?
- Wie kann der Verbesserungsvorschlag realisiert werden – was ist dazu notwendig?

Zudem sollten Sie sich ein Belohnungssystem überlegen – dabei muss es sich nicht immer nur allein um materielle Belohnungen handeln. Der Mitarbeiter sollte auf jeden Fall erfahren, was aus seinem Vorschlag geworden ist – und wenn er nicht realisiert werden konnte, sollte er die Gründe dafür erfahren. Belobigen Sie den Mitarbeiter für seine Initiative, zum Beispiel durch eine Urkunde, die „öffentlich" überreicht wird. Viele Mitarbeiter lassen sich so eher motivieren, weitere Verbesserungsvorschläge zu unterbreiten, als durch eine finanzielle Zuwendung, die anonym bleibt. Des Weiteren können Sie ein Punktesystem für gelungene Vorschläge einrichten, so dass ein Wettkampf um die besten Verbesserungsvorschläge entsteht – und damit eine Dynamik in Ihrem Unternehmen, die die permanente Optimierung der Qualität Ihrer Produkte und Dienstleistungen zum Ziel hat. Und Sie selbst behalten dabei Ihr übergeordnetes Ziel im Auge: Marktdynamik!
In diesem Zusammenhang ist eine Untersuchung der Gesellschaft für Weiterbildung in Berlin beachtenswert, die ergeben hat, was sich Mitarbeiter für ihre Tätigkeit vor allem wünschen:

- Anerkennung für gut geleistete Arbeit.

Es folgen
- genaue Kenntnis des Produkts und der Firmenziele und
- Eingehen auf private Sorgen. Erst an vierter Stelle steht das gute Einkommen.

Es folgen
- interessante Arbeit
- gesicherter Arbeitsplatz
- Wohlergehen der Firma
- Loyalität zwischen Arbeitnehmer und Arbeitgeber
- gute Arbeitsbedingungen und
- Höflichkeit der Führungskräfte.

Natürlich spielt die (gerechte) Entlohnung auch eine wichtige Rolle. Für viele Unternehmer aber mag es erstaunlich sein, dass sie erst an vierter Stelle steht und immaterielle Faktoren eine so große Bedeutung für die Mitarbeiter haben. So hat dieselbe Untersuchung bei der Frage an die Führungskräfte, welche Faktoren die Mitarbeiter wohl für wichtig halten, ein etwas anderes Bild ergeben:
- gutes Einkommen
- gute Arbeitsbedingungen
- Wohlergehen der Firma
- gesicherter Arbeitsplatz
- interessante Arbeit
- Loyalität zwischen Arbeitnehmer und Arbeitgeber
- Höflichkeit der Führungskräfte
- Eingehen auf private Sorgen
- Anerkennung für gut geleistete Arbeit
- genaue Kenntnis des Produktes und der Firmenzielsetzung.

Die drei Gründe, die den Mitarbeitern tatsächlich am wichtigsten sind, stehen bei der Einschätzung der Führungskräfte an den Stellen 8 bis 10 – das sollte jeden Unternehmer anregen, seine Lösungen, wie er seinen Mitarbeiter Motive gibt, das Bestmögliche zu leisten, zu überdenken. Das Verbesserungsvorschlagswesen in Verbindung mit einem Belohnungssystem ist eine ausgezeichnete Möglichkeit, jene Anerkennung zu spenden und gleichzeitig die Qualität der unternehmerischen Leistung zu erhöhen – und Marktdynamik zu erzielen.

Und noch einmal möchte ich Gallup zitieren: Die Organisation hat über 25 Jahre lang über eine Million Arbeitnehmer befragt, um herauszufinden, mit welchen Aussagen sich die Qualität eines Arbeitsumfeldes messen lässt. Das Ergebnis: Es gibt einige Aussagen, die vor allem von loyalen und produktiven Mitarbeiter geäußert werden, während durchschnittliche und wenig engagierte eher neutral oder negativ reagieren. Es ist also zu vermuten, dass diese Aussagen Rückschlüsse darauf erlauben, ob ein Arbeitsumfeld motivierend ist und somit Mitarbeiter bindet und in ihrer Leistungsfähigkeit positiv beeinflusst. Diese Aussagen lauten beispielsweise:

- Ich weiß, was an meinem Arbeitsplatz von mir erwartet wird.
- Ich habe bei der Arbeit jeden Tag die Gelegenheit, das zu tun, was ich am besten kann.
- Mein Vorgesetzter oder jemand anders bei der Arbeit schätzt mich als Mensch.
- Ich werde in meinem Unternehmen ermutigt, meine Stärken zu entwickeln.
- In meinem Arbeitsumfeld hat meine Meinung Gewicht.
- Das Ziel und die Unternehmensphilosophie unserer Firma geben mir das Gefühl, dass meine Arbeit wichtig ist.

- Ich habe einen guten Freund in meiner Firma.
- In den letzten sechs Monaten hat jemand in meinem Unternehmen mit mir über meine Fortschritte gesprochen.

Sie sehen, dass ein positives Betriebsklima nicht von der Höhe des Gehaltes und anderen finanziellen Zuwendungen abhängig ist. Vielmehr steht es in einem Zusammenhang damit, ob sich ein Mitarbeiter an seinem Arbeitsplatz wohl fühlt, ihm die Arbeit Spaß macht, seine Tätigkeit auf seine Fähigkeiten zugeschnitten ist, er ein kollegiales Verhältnis zu den anderen Mitarbeitern und eine Führungskraft hat, die zwar Leistung fordert, aber auch Sinn bietet. Auffällig oft sind es die zwischenmenschlichen Beziehungen und das menschliche Miteinander zwischen Führungskraft und Mitarbeitern sowie zwischen den Mitarbeitern, die ein gutes Betriebsklima nach sich ziehen. Und hier liegt für Sie der Ansatzpunkt für konkrete Maßnahmen, um die Arbeitszufriedenheit in Ihrem Unternehmen zu erhöhen.

Mein Fazit lautet also:

Die „Frage-Technik" ist bestens geeignet, die kreativen Geistleistungen in Ihrem Unternehmen zu erhöhen. Der Kampf um die Zukunft und um mehr Marktdynamik verläuft in den Köpfen zwischen den statischen und den dynamischen Denkern. Wir müssen die Produktivität der Kopfarbeit und Geistleistungen steigern. Dazu müssen wir Leistung fordern und Mitarbeiter fördern – und die dafür notwendigen Voraussetzungen schaffen.

Vollkommenheit anstreben

Die Mitarbeiterführung ist im Zusammenhang mit der Entwicklung von Marktdynamik so wichtig, dass wir hier nichts weniger als Vollkommenheit anstreben sollten. Dies ist ein Ziel, das letztendlich nie erreicht werden kann, aber immer wieder und tagtäglich ins Auge gefasst werden sollte – der Kampf um die besten Köpfe wird jeden Tag aufs Neue ausgefochten.

Bedenken Sie: Wenn Sie richtig führen und das Führen von Menschen als Ihre vordringliche Aufgabe ansehen, vervielfältigen Sie auch Ihre eigenen Leistungen durch andere Menschen, durch die Mitarbeiter – so dass Sie wahrscheinlich durch nichts mehr erreichen werden als durch eben diese Führungsarbeit!

Wer Vollkommenheit anstrebt, wird Mitarbeiter anziehen, die dies ebenfalls wünschen: Ihr Unternehmen sollte daher nicht nur auf Kunden eine Suggestivkraft ausüben, sondern auch auf gute Mitarbeiter. Ein älteres Buch des Begründers der Arbeitsmethodik, Gustav Großmann, heißt: „Der Chef, nach dem sich die besten Kräfte reißen". Wenn Sie die von mir vorgestellten Leitsätze zu Ihrem Credo machen, wächst die Wahrscheinlichkeit, dass Sie ein solcher Unternehmer und Chef werden.

Wer nun sagt, derzeit falle die Auswahl an guten Mitarbeitern doch recht leicht, weil die wirtschaftliche Lage und die hohe Arbeitslosigkeit genügend gute Kräfte zur Verfügung stelle, sollte bedenken: Der Aufbau der Alterspyramide in Deutschland wird die unangenehme Konsequenz haben, dass dies in einigen Jahren nicht mehr der Fall sein wird. Dann suchen Sie als Unternehmer händeringend nach guten Mitarbeitern. Denken Sie also weitsichtig und sorgen Sie dafür, dass die besten Mitarbeiter bei Ihnen vorstellig werden, weil sich herumgesprochen hat: SIE und Ihr Unternehmen fordern nicht nur Leistung, sondern bieten auch Sinn und Raum für eigenverantwortliche Entscheidungen.

Nehmen Sie sich Zeit zum Nachdenken!

- *Welche Führungsgrundsätze haben Sie?*
- *Falls Sie sich darüber noch keine Gedanken gemacht haben: Welche der dargestellten Ideen können Sie für Ihr Unternehmen und Ihre Mitarbeiterführung verwenden?*
- *Wie ist es um Ihre soziale und menschliche Kompetenz bestellt? Wo ist sie verbesserungsfähig?*
- *Können Sie Ihren Mitarbeitern als Vorbild dienen? Warum? Oder: Warum ist dies nicht der Fall? Was müssen Sie an Ihrem Selbstmanagement ändern, um ein Vorbild sein zu können?*
- *Halten Sie das Führen durch Fragen für ein Führungsmodell, das Ihnen weiterhilft?*
- *Was müssen Sie tun, um ein Verbesserungsvorschlagswesen einzuführen oder das bestehende zu optimieren?*
- *Was können und müssen Sie tun, um die besten Mitarbeiter auf sich aufmerksam zu machen und langfristig an Ihr Unternehmen zu binden?*

Kapitel 3:

Marktdynamik entsteht durch lebendige Kundenbeziehungen

Was Ihnen dieses Kapitel bietet

Der Kunde ist – neben den Mitarbeitern – der wichtigste „Verbündete" desjenigen Unternehmers, der Marktdynamik entwickeln will. Denn der Kunde steht nicht „auf der anderen Seite", sondern an der Spitze eines Dreiecks, an deren anderen Spitzen sich der Unternehmer und die Mitarbeiter befinden – sie bilden eine Einheit. Wer lebendige Kundenbeziehungen aufbauen will, muss sich die Brille des Kunden aufsetzen, die Dinge stets aus seiner Perspektive wahrnehmen und ein Vertrauensverhältnis zu ihm aufbauen. Auch hier gilt: Gute Kundenbeziehungen lassen sich aufbauen, wenn der Kunde als Verstandes- und als Gefühlswesen aufgefasst wird.

3.1 Der kleine Prinz und die Kundenorientierung

Immer wieder wird das eigentlich selbstverständlich klingende Stichwort „Kundennähe" als Merkmal besonders erfolgreicher Unternehmen in die Diskussion gebracht, und es gibt auch zahlreiche Beispiele dafür. Die exzellenten Unternehmen lassen sich in der Regel stärker von ihren Bemühungen um Nähe zum Kunden beeinflussen als von technologischen oder Kostengesichtspunkten. Damit ist sowohl die Informationsgewinnung bei Kunden als auch die Kommunikation zu den Kunden hin gemeint.

Neue Informations- und Kommunikationstechniken können einiges dazu beitragen, diese Kontaktintensivierung als Bestandteil eines strategischen Konzeptes zu unterstützen. Scannereinrichtungen im Einzelhandel und die Nutzung der modernen Kommunikationsmedien im Verkaufsaußendienst sind nur zwei Beispiele für die Möglichkeiten, kundenbezogene Informationen zu gewinnen und zu verarbeiten. Und es ist davon auszugehen, dass technische Entwicklungen verstärkt dazu beitragen werden, dass wir immer mehr über den Kunden wissen, der langsam aber sicher zum gläsernen Kunden wird. Aber: Der Kontakt zum Kunden gestaltet sich auch immer anonymer! Das ist das moderne Paradox und unser Dilemma:

Je mehr wir mit Hilfe der modernen Informations- und Kommunikationsmittel über den Kunden wissen, desto unvertrauter wird er uns!

Es ist gefährlich, den Aspekt der Kundennähe vorwiegend unter dem Gesichtspunkt des Kontakts durch die Informations- und Kommunikationstechnologien zu sehen. Sicher: Viele Kunden wünschen dies offenbar so: Sie kaufen ihre Produkte und Dienstleistungen lieber über das Internet ein, wollen oft gar nicht mehr ins Geschäft oder den Laden gehen, um vor Ort zu kaufen. Sogar Nahrungsmittel werden online bestellt. Das muss bei der Entwicklung von Marktdynamik und insbesondere dem Aufbau eines Marketingkonzeptes Berücksichtigung finden. Aber ich bin sicher: Die unmittelbare und persönliche Kontaktaufnahme zum Beispiel im Beratungs-, Projektierungs- oder Verkaufsgespräch wird auch und gerade in einem allgemein stärker technisierten Umfeld an Bedeutung gewinnen. Nur durch die persönliche Kontaktaufnahme zum Kunden können wir diesen und seine Wünsche, Hoffnungen, Erwartungen und Bedürfnisse – und auch Bedenken und Einwände – wirklich kennen lernen, ihn uns vertraut machen – und, umgekehrt, uns dem Kunden vertraut machen.

Das heißt: Künftige Strategie- und Marketingentwürfe müssen ein Konzept der Marketingkommunikation enthalten, das die Chancen einer raschen und gezielten Kundenansprache durch neue Medien in Verbindung mit persönlichen Betreuungsaktivitäten nutzt – wobei das Letztere immer noch das Wichtigere ist. Ein aktives Beziehungsmanagement lässt sich nur mit Hilfe des persönlichen Kontakts zu den Kunden in Szene setzen. Es bestätigt sich und wird sich auch in Zukunft immer wieder bestätigen, dass die Kommunikation von Mensch zu Mensch, also die persönliche Ansprache, die weitaus größere Wirkung hat, wenn es darum geht, lebendige Kundenbeziehungen aufzubauen.

Bestimmt kennen Sie die Geschichte vom kleinen Prinzen von Antoine de Saint-Exupéry. Auf seiner Reise begegnet der kleine Prinz einem Fuchs, der ihn auffordert, ihn zu zähmen. „Das ist eine in

Vergessenheit geratene Sache', sagte der Fuchs. ‚Es bedeutet, sich vertraut machen.' Vertraut machen, so erläutert der Fuchs dem kleinen Prinzen, heißt: „‚Du bist für mich noch nichts als ein kleiner Knabe, der hunderttausend kleinen Knaben gleicht. Ich brauche dich nicht, und du brauchst mich ebenso wenig. Ich bin für dich nur ein Fuchs, der hunderttausend Füchsen gleicht. Aber wenn du mich zähmst, werden wir einander brauchen. Du wirst für mich einzig sein in der Welt. Ich werde für dich einzig sein in der Welt.'"

Auf die Frage des kleinen Prinzen, wie er sich denn den Fuchs vertraut machen könne, antwortet dieser: „‚Du musst sehr geduldig sein. Du setzt dich zuerst ein wenig abseits von mir ins Gras. Ich werde dich so verstohlen, so aus dem Augenwinkel anschauen, und du wirst nichts sagen. Die Sprache ist die Quelle der Missverständnisse. Aber jeden Tag wirst du dich ein bisschen näher setzen können...'" Und so beginnen der kleine Prinz und der Fuchs sich vertraut zu machen und eine Beziehung aufzubauen, die auch – um wieder den harten Schritt in die Realität zu wagen – ein Verkäufer und jeder Mitarbeiter Ihres Unternehmens anstreben sollte. Der Partner in dieser Beziehung ist allerdings kein Fuchs, sondern der Kunde.

In der guten alten Zeit war Kundenmanagement kein Problem: „Tante Emma" kannte alle ihre Kunden beim Namen und begrüßte sie stets persönlich. Sie kannte deren spezielle Vorlieben und Abneigungen. Von dem „vertrauten" Überblick, den sie bezüglich ihrer Kunden hatte, können moderne Unternehmen nur träumen. Doch mit Hilfe eines individuellen Kundenmanagements und eines Marketings nach dem Motto „von Mensch zu Mensch" können auch wir Heutigen uns ein deutliches Profil über unsere Kunden verschaffen.
Für kleine und mittelständische Betriebe ist – ne-

ben der Akquisition von Neukunden – die Pflege bestehender Kundenbeziehungen zentrale Voraussetzung für langfristigen Erfolg. Der Kunde entscheidet heute danach, wie die Servicequalität und Kundenfreundlichkeit das Produkt oder die Dienstleistung ergänzen – davon hängt ab, ob und inwiefern wir uns den Kunden vertraut machen können. Bestandskunden und auch potenzielle Käufer wollen als individuelle Persönlichkeiten wahrgenommen und angesprochen werden. Der Aufbau von lebendigen Kundenbeziehungen muss von Ihnen „mit Leib und Seele" angegangen werden und Ihnen in Fleisch und Blut übergehen. Die bedeutet nicht, nun ein kompliziertes System aufzubauen, das bedeutet nicht, nun ganze Arsenale an Artikeln und Büchern zum Thema zu lesen und die Inhalte umzusetzen – es handelt sich dabei in erster Linie um eine Frage der Einstellung, die man zu dem Kunden gewinnt. Es ist eine Frage des Denkens und der Denkhaltung, die man zu dem Kunden einnimmt, nämlich: *Was und wie denke ich, wenn ich mit einem Kunden spreche?*

Nehmen Sie sich Zeit zum Nachdenken!

Wir würden Sie Ihre bisherigen Kundenbeziehungen beschreiben?

Können Sie sagen, dass Ihnen Ihre Kunden wirklich „vertraut" sind?

3.2 Beziehungsmanagement als Fundament: der vertraute Kunde

Wie es nicht gehen sollte, dafür haben die Deutsche Telekom und die Deutsche Bahn im Jahr 2003 ein schönes Beispiel geliefert. Es war der 20. Mai 2003, als die beiden Unternehmensschwergewichte an ein und demselben Tag den Kunden entdeckten! Fast zeitgleich verkündeten Telekom Chef Kai-Uwe Ricke und Bahn-Boss Hartmut Mehdorn, in ihre Strategien und Überlegungen nun verstärkt den Kunden einbeziehen zu wollen. Langfristiges Ziel sei es, sich voll und ganz auf die Wünsche des Kunden zu konzentrieren. Mit dieser Hinwendung zur Kundenorientierung erntete Kai-Uwe Ricke tosenden Beifall von den Telekom-Aktionären, der Ausspruch von einer „visionären Rede" machte die Runde. Und der Spitzenmanager der Bahn zog aus Monaten heftiger Kundenkritik endlich den Schluss, die Preispolitik einfacher und kundenfreundlicher zu gestalten, die „kundenfreundliche Überprüfung" des Tarifsystems wurde angekündigt – und seitdem zumindest teilweise realisiert.

Die Wiederentdeckung des Selbstverständlichen bei Telekom und DB erstaunt. Dabei hätte den Herren bereits ein kurzer Blick in die Managementliteratur zu einer Binsenweisheit verholfen, die sie sich seinerzeit mit Kursabsturz an der Börse, Vertrauensverlust und einbrechenden Kundenzahlen teuer erkaufen mussten: Der Kunde ist und bleibt bei allen unternehmerischen Aktivitäten die wichtigste Person.

Was und wie denke ich, wenn ich mit einem Kunden spreche? Die Beantwortung dieser Frage unterscheidet einen guten Verkäufer von einem Top-Verkäufer, sie unterscheidet ein gutes Unternehmen von einem sehr guten Unternehmen, das sich die Entwicklung von Marktdynamik auf die

Fahnen geschrieben hat. Oder: Ein gutes Unternehmen unterscheidet sich von einem sehr guten durch seine Einstellung, die es zum Kunden hat. Bleibt die Frage, wann die Einstellung auch die „richtige" Einstellung ist. Ich bin der Meinung, diese „richtige" Einstellung liegt dann vor, wenn das Unternehmen das gesunde Streben nach Erfolg – selbstverständlich ist auch der materielle Erfolg gemeint, denn ansonsten würde das Unternehmen schnell Insolvenz anmelden müssen – mit der Fähigkeit verknüpft, bei den Kunden Begeisterung zu erzeugen. Diese Begeisterung kann zustande kommen, wenn die Menschen, die für das Unternehmen tätig sind,
- die Kunden auf der rationalen Ebene ansprechen und sie mit Argumenten und der Darstellung etwa der Produktvorteile überzeugen UND
- die Kunden auf der Gefühlsebene ansprechen sowie alles dafür tun, um eine vertrauensvolle Beziehung zu ihnen aufzubauen.

Solche Unternehmen erreichen ein hohes Maß an Authentizität und Glaubwürdigkeit – doch wie genau gelingt dies? Nun: Indem ein Unternehmen die Wünsche und Probleme seiner Kunden erkennt, sie ernst nimmt und den Kunden lösungsorientierte Vorschläge unterbreitet. Marktdynamik entsteht also, wenn Sie:
- den Wünschen Ihrer Kunden und dem Kundennutzen oberste Priorität einräumen und sich als Problemlöser Ihrer Kunden verstehen,
- zu den Kunden eine auch emotional gefärbte Beziehung aufbauen und Ihr Handeln auch am ökonomischen Motiv ausrichten.

Diese Mischung aus einer auf den Kunden ausgerichteten Motivation und einer auf den eigenen Nutzen bedachten Motivation ist es, die die

Einstellung eines Top-Unternehmens, eines Top-Unternehmers, eines Top-Mitarbeiters, eines Top-Verkäufers ausmacht. Und vielleicht ist es die Überbetonung des zweiten Punktes gewesen, durch den Telekom und Bahn sich die Probleme eingebrockt haben, die sie dann mit der Wiederentdeckung der selbstverständlichen Hinwendung zum Kunden lösen mussten.

„Alles ist möglich"
– aber nur mit Beziehungsmanagement

Es ist noch gar nicht so lange her, da glaubten viele Unternehmer und ihre Mitarbeiter, allein der unbedingte Glaube an den eigenen Erfolg könne durch ein paar Tage oder gar wenige Stunden Motivationstraining zu den erhofften Erfolgen führen. „Glaube an dich selbst, dann gelingt dir alles" und „Alles ist möglich" – so lauteten die Glaubenssätze, die sich seinerzeit auch in der Trainingsbranche größter Beliebtheit erfreuten. Veranstaltungen mit Titeln wie „Power-Days" und „Der große Motivationstag" füllten selbst riesige Sporthallen. Warnungen, die besagten, eintägige Veranstaltungen entfachten nur ein kurzfristiges Motivations-Strohfeuer, wurden mitsamt derjenigen, die sie äußerten, in die Ecke mit der Aufschrift „Schwarzmaler" und „Miesepeter" gestellt. Mittlerweile ist die Euphorie verflogen, die „Alles-ist-möglich-Protagonisten" haben die Großbühnen verlassen. In den letzten Jahren sind viele Blasen zerplatzt – neben der Börsen-Blase auch die Motivations-Blase. Es wäre allerdings fatal, wenn wir nun – nach typisch deutscher Manier – nach dem einen Extrem in das andere verfallen und die Bedeutung eines positiv ausgerichteten Grundeinstellung für den unternehmerischen Erfolg abstreiten würden. Ich bin ja bereits auf die Bedeutung jener positiven Denkhaltung ausführlich eingegangen. Das Denken „in hellen und positiven Farben" darf sich allerdings nicht in einem inhaltsleeren Erfolgsdenken erschöpfen – es muss einen konkreten Bezugspunkt haben. Und dieser Bezugspunkt ist die Ausrichtung auf eine konsequente Kundenorientierung und ein Beziehungsmanagement nach dem Motto: „Interessiere dich für den Menschen im Kunden".

In den letzten Jahren war in zahlreichen Büchern und Fachaufsätzen die Rede davon, dass wir zum Kunden eine Beziehung aufbauen müssen. Das ist richtig, aber oft wird dieser Beziehungsaufbau lediglich im Sinne eines modernen Kommunikationsmanagements missverstanden. Da werden die modernen Kommunikationsmedien wie E-Mail und Internet genutzt, um beim Kunden permanent präsent zu sein, da werden Gesprächsleitfäden und Gesprächstechniken entwickelt, um Zugang zum Kunden zu finden, da werden Strategien aufgebaut, um die Kommunikation zum Kunden noch effektiver zu gestalten. Auch alles richtig, aber immer noch nicht des Pudels Kern: Den birgt vielmehr die Geschichte des kleinen Prinzen in sich: Ein Verkäufer etwa muss sich dem Kunden vertraut machen, indem er gerade zu Beginn des Akquisitionsgesprächs eine Vertrauensbasis aufbaut – nicht umsonst steckt in dem „Sich-vertraut-machen" das Hauptwort „Vertrauen": durch aktives Zuhören, durch das langsame Sich-Annähern an die Gefühls-, Erlebnis- und Gedankenwelt des Kunden. Dann wird es Ihnen gelingen, im Kopf des Kunden zu denken, also die Situation, in der der Kunde steht, zu erfassen, seine Bedürfnisse und Probleme zu erkennen, in seine Gefühlswelt einzutauchen.

Wichtig ist, sich auf die individuelle Situation desjenigen Kunden einzulassen, der hier und jetzt vor einem steht, mit ihm über seine Hobbys, seine

Sorgen und Nöte zu reden – über das, was ihn derzeit bewegt. Nicht der Verkäufer mit dem besten Angebot wird den Kunden überzeugen, sondern derjenige, dem es im Gespräch gelingt, die Welt des Kunden zu betreten, um auf dieser Grundlage eine Problemlösung zu unterbreiten, die dem Kunden ein Höchstmaß an Nutzen bringt.

Irgendwann jedoch entwickelt sich das Gespräch zwischen zwei Menschen in ein Gespräch zwischen einem Verkäufer und einem potenziellen Kunden. Das ist der entscheidende Augenblick: Wenn der Kunde zu der Meinung gelangt, man führe das Gespräch mit ihm nicht um seiner selbst willen, sondern vor allem, um ihm etwas zu verkaufen, ist er mit Recht verstimmt.

Wie kommt man aus diesem Dilemma heraus? Nun: Was spricht dagegen, wenn Ihre Mitarbeiter, Ihre Verkäufer, ja, wenn Sie selbst das offene Gespräch, den ehrlichen Austausch mit dem Kunden suchen und dann – eben offen und ehrlich – das Gespräch in Richtung Kundengespräch lenken, indem Sie die Sprache darauf bringen, dass man ihm nun für sein Problem eine Lösung vorschlagen wolle! In Form eines Produktes oder einer Dienstleistung oder was auch immer Sie verkaufen. Das heißt: Der Wechsel vom Gespräch „von Mensch zu Mensch" zum Kundengespräch muss kommuniziert werden. Wenn es vorher gelungen ist, zu dem Kunden ein Vertrauensverhältnis aufzubauen, und wenn dieses Vertrauen aus innerer Überzeugung zustande gekommen ist, wird der Kunde die neue Rolle etwa des Verkäufers als Problemlöser nicht übel nehmen.

Vertrauen als Grundlage

Im schweizerischen Zivilgesetzbuch heißt es: „Jeder hat in der Ausübung seiner Rechte und in der Erfüllung seiner Pflichten nach Treue und Glaube zu handeln". Das bedeutet, dass man sich in den zwischenmenschlichen Beziehungen so zu verhalten hat, wie es ein anständiger, ehrenhafter und lauter denkender Mensch unter den gleichen Umständen tun würde. Insofern bedeutet „Treue" die unbedingte Bereitschaft, die einer Person gegenüber versprochenen oder sonst wie eingegangenen Verpflichtungen auch einzuhalten. „Glaube" meint Vertrauen auf und berechtigtes Sich-verlassen-Dürfen auf die Treue auch des Gegenübers. Mit anderen Worten: Es müssen im zwischenmenschlichen Verhältnis die berechtigten Interessen aller Beteiligten zum Zug kommen und befriedigt werden. Und ist dies nicht ein hervorragendes Fundament für den Aufbau eines Kundenbeziehungsmanagements?
Der Jesuitenpater Albert Ziegler hat sich mit dem Thema „Vertrauen" gründlich auseinandergesetzt. Ich möchte ein längeres – und leicht verändertes – Zitat aus dessen Buch „Verantwortung für das Wort" anführen, um zu verdeutlichen, wie wichtig Vertrauen für unsere Gesellschaft ist:

„Vom Vertrauen ist gegenwärtig viel die Rede. Meistens geschieht es in der Weise, dass mangelndes Vertrauen beklagt und darauf hingewiesen wird, wie notwendig es sei, das verlorene Vertrauen zurückzugewinnen. Dahinter steht offensichtlich die durch die Lebenserfahrung immer wieder neu bestätigte Einsicht, dass wir Menschen ohne Vertrauen nicht leben, geschweige denn erfolgreich wirtschaften können.
Was ist Vertrauen? Ungefähr wissen wir aufgrund der eigenen Lebenserfahrung, was Vertrauen ist.

Doch was ist es genauer? Am besten fragen wir nach dem Sinn, der Eigenart und der Begründung menschlichen Vertrauens.
Sinn des Vertrauens ist, die bei allem Wissen und bei aller Berechnung verbleibende Unübersehbarkeit und Unberechenbarkeit unserer komplexen Welt durch Vermutungen soweit zu vermindern, dass wir leben und handeln können.
Worin gründet der heutige Vertrauensverlust? Der heutige Vertrauensschwund hat viele Gründe. Zum einen gründet er in mangelnder Professionalität. Wir hatten in jüngster Zeit folgenschwere wirtschaftliche, gesellschaftliche und politische Misserfolge zu verzeichnen. Manche der Misserfolge mögen durchaus ganz oder teilweise in misslichen Verhältnissen ihren Grund haben. Manche Misserfolge beruhen jedoch auf fehlender oder mangelnder beruflicher Professionalität.
Als nächstes entstand Vertrauensverlust durch einen Mangel an Integrität. Der Größenwahn so mancher Führungskräfte bezog sich nicht nur auf ihr Unternehmen, sondern noch mehr auf ihre Gehälter. Manche erreichten ein Einkommen, das mehr in den Bereich der Astronomie als ins Gebiet der Wirtschaft gehört.
Der heutige Vertrauensverlust gründet vor allem in mangelnder menschlicher Sensibilität. Manche Führungskräfte machten vielleicht keine schwerwiegenden Führungsfehler, auch gehören sie nicht ausgerechnet zur edlen Gilde der Abzocker. Allein es fehlte ihnen im hohen Maße an jener Sensibilität, die feinfühlig genug ist, um zu wissen, wie die Verhältnisse liegen, was die Lage erlaubt und wie die Öffentlichkeit und die Mitarbeiter reagieren.
Um dem Vertrauensschwund zu begegnen und das Vertrauen zurückzugewinnen brauchen wir in Wirtschaft, Gesellschaft und Politik Menschen,

die sich auszeichnen durch berufliche Professionalität, persönliche Integrität und menschliche Sensibilität. Wir brauchen Menschen, die nicht nur fachlich professionell und persönlich integer, sondern auch menschlich sensibel sind. Solche Menschen, und nur solche Menschen, verdienen Vertrauen und schaffen Vertrauen. Sie sind Vertrauenspersonen.
Wir brauchen also wieder Vertrauen, ohne das menschliche Beziehungen nicht tragbar sind. Denn das Vertrauen ist die Annahme, dass das, was ich von anderen – zwar nicht mit Sicherheit berechnet, wohl aber mit guten Gründen – erwarte, auch zu- und eintreffe, so dass ich mich auf den anderen einlassen kann."

„Menschen, die sich auszeichnen durch berufliche Professionalität, persönliche Integrität und menschliche Sensibilität" – diese ausgezeichnete Analyse Albert Zieglers möchte ich gerne auf mein Thema übertragen: den Aufbau glaubwürdiger und authentischer und damit lebendiger Kundenbeziehungen. Ausgestattet mit einem hohen Maß an fachlichem und methodischem Know-how gehen Ihre Mitarbeiter, Ihre Verkäufer und Sie auf den Kunden zu – als integre Persönlichkeiten, die mit gesundem Menschenverstand und Fingerspitzengefühl die Welt des Kunden beschreiten, sich dessen Wahrnehmungsbrille aufsetzen und aus seiner Perspektive das Kundengespräch führen: Was will der Kunde? Was wünscht er? Welchen Nutzen erhofft er sich aus dem Kundenkontakt? Wie kann ich seine Nutzenerwartung optimal befriedigen?

Nehmen Sie sich Zeit zum Nachdenken!

Spielt der Begriff „Vertrauen" in Ihren Kundenbeziehungen eine Rolle? Wenn ja: welche?

_____

_____

Sind Ihre Verkäufer „Verkäufer" – oder Kundenbeziehungsmanager, die die Probleme der Kunden lösen wollen?

_____

_____

Der vertraute Kunde

Immer öfter geraten Unternehmen in Deutschland in eine finanzielle Schieflage. Die Zahl der Insolvenzen nimmt bedrohliche Ausmaße an. Doch ist immer die problematische konjunkturelle Situation dafür verantwortlich? Marktanalysen zeigen: Die Austauschbarkeit von Produkten und Dienstleistungen führt häufig zu einem ruinösen Vernichtungswettbewerb, weil die Unternehmen vor allem über den Preis verkaufen. In dieser Situation setzen viele Firmen auf Rabatte und Preisnachlässe. Die Folge: Der Kunde geht zum preisgünstigsten Anbieter und entwickelt keine Kundenbindung zu den Unternehmen.

Wer jetzt nicht über den Preis, sondern über Qualität und lebendige Kundenbeziehungen verkauft, nutzt die Chance, die jede Krisensituation bietet.

Entscheidend beim Kampf um den Kunden ist die „letzte Meile". Bis dahin bieten viele Unternehmen einen guten Kundenkontakt – doch das ist der Standard, und über den verfügen viele. Entscheidend ist, was auf den letzten Metern passiert. Hier trennt sich die Spreu vom Weizen, hier entscheidet sich, ob ein Kunde nur zustimmend nickt – oder begeistert kauft.

Wichtigster Erfolgsfaktor dabei: professionelle und kompetente Mitarbeiter – und natürlich insbesondere Verkäufer – die in der Lage sind, auch kaufunwillige Kunden zu begeistern und von der Faszination ihres Produktes oder ihrer Dienstleistung zu überzeugen. In einem späteren Kapitel (siehe Kapitel 8) werde ich mich den Kompetenzen des professionellen Verkäufers intensiv widmen – hier sei aber schon so viel gesagt: Professionelle Verkäufer verstehen es, Kunden bei ihren Gefühlen zu packen. Der Kunde kauft einen Sessel nicht unbedingt, um ein schönes Möbelstück im Wohnzimmer stehen zu haben. Der Kunde kauft es, weil das Einrichtungsstück sein Lebensgefühl ausdrückt, zu seinem Lifestyle passt, weil er mit ihm bei anderen Menschen Aufmerksamkeit erregen kann.

Wer sich also Wettbewerbsvorteile sichern möchte, investiert jetzt in das wichtigste Kapital, über das Unternehmen verfügen: in die Köpfe der Mitarbeiter.

Um Oasen der Kundenorientierung aufzubauen und den Kauf für den Kunden zu einem Erlebnis werden lassen, sind Strategien notwendig, die ihm helfen, eine Beziehung zum Kunden aufzubauen. Für mein Seminar zum Thema Marktdynamik habe ich einige diesbezügliche Strategien entwickelt – und auch der Trainer und Berater Helmut Seßler zählt in seinem Buch „30 Minuten für aktives Beziehungsmanagement" Strategien auf, die er in zehn Regeln für erfolgreiches Beziehungsmanagement zusammenfasst:

1. Schaffen und suchen Sie Gemeinsamkeiten mit anderen.
2. Nutzen Sie die einmalige Chance des ersten Eindrucks und nutzen Sie die Möglichkeiten der nonverbalen Kommunikation.
3. Sprechen Sie Menschen mit ihren Namen an, schwingen Sie sich also auf die Wellenlänge Ihres Gegenübers ein.
4. Zeigen Sie Ihrem Gegenüber ehrliches Interesse, haben Sie beispielsweise stets ein „Lächeln im Knopfloch".
5. Haben Sie den Mut, Ihre eigene Individualität zu entwickeln, auch bezüglich Ihrer Körpersprache.
6. Fragen Sie gut, aber hören Sie noch besser zu. Und berücksichtigen Sie dabei die Stimmungslage Ihres Gegenübers.
7. Geben Sie aufrichtig Lob und Anerkennung.
8. Achten Sie auf den Standpunkt des anderen.
9. Wer behauptet, verliert – wer Beziehungsnutzen bietet, gewinnt.
10. Mögen Sie Ihre Gesprächspartner und bemühen Sie sich um jeden, mit dem Sie zu tun haben.

Vertrauensaufbau in Strategie integrieren

Viele Unternehmen vernachlässigen in wirtschaftlich schwierigen Zeiten den Aufbau langfristig wirksamer Kundenbeziehungen und fokussieren sich lieber auf schnelle Abschlüsse im operativen Tagesgeschäft. Daher liegt es in der Verantwortung des Unternehmers und der Vertriebsführungskräfte, den Mitarbeitern zu verdeutlichen, dass gerade jetzt die Bereitschaft und Fähigkeit gefragt ist, im Verkaufs- und Beratungsgespräch zu einem glaubwürdigen Vertrauensverhältnis zu gelangen. Mit Appellen allein ist es dabei allerdings nicht getan; der Aufbau und die Festigung von Kundenbeziehungen brauchen Zeit und Geduld – und Ihre Unterstützung, die Hilfe des Managements. Denn Sie müssen die entsprechenden Rahmenbedingungen dafür schaffen, ist es doch die Aufgabe des Managements, die strategische Richtung vorzugeben. Jedoch: Eine Strategie kann sich nur dann entfalten, wenn sie von jedem Mitarbeiter verstanden und akzeptiert und schließlich mit Leben gefüllt wird. Gerade in größeren Unternehmen werden auf der Geschäftsführungsebene strategische Ziele entwickelt, dann aber unzureichend kommuniziert. Auf ihrem Weg von der Führungsetage zu den Arbeitsplätzen der Mitarbeiter verwässert die Strategie zu bloßen Direktiven. Die Alternative: Indem die Unternehmensführung die Mitarbeiter an der Strategieumsetzung beteiligt, bewirkt sie, dass diese sich mit der Strategie identifizieren und aktiv an ihrer Realisierung mitarbeiten. Sinnvoll ist die Durchführung eines Strategiemeetings oder eines Workshops, in dem Sie und das Management die Strategie „Vertrauensaufbau" vorstellen: In dem Workshop werden die Mitarbeiter dann zu der Strategie nicht überredet, sondern von ihr überzeugt. So können sie auch kreative eigene Vorschläge einbringen, wie sie die Strategie in ihrem jeweiligen Bereich umsetzen können und wollen.

Angenehmer Nebeneffekt: Die Ausrichtung auf das gemeinsame Ziel „Vertrauensaufbau" führt häufig zur Verbesserung der Zusammenarbeit und der Kommunikation zwischen den einzelnen Bereichen – und somit zur Entwicklung von mehr Marktdynamik. Jedem Mitarbeiter wird bewusst, dass er einen Beitrag zur Kundenorientierung leisten kann. Sicherlich: Ob der Vertrauensaufbau gelingt, entscheidet sich vor allem am Point of Sales. Doch was nutzt es, wenn der Verkäufer

Lieferzeiten oder die rasche Erledigung von Reklamationen zusagt, die zuständigen Mitarbeiter im Innendienst dann aber schlampen? Das bedeutet: Die Mitarbeiter mit direktem Kundenkontakt – sei er persönlicher Art, sei es am Telefon – brauchen die Unterstützung der anderen Bereiche, um als Vertrauensperson beim Kunden akzeptiert zu werden.

Leider aber weiß häufig die linke Hand nicht so genau, was die rechte tut: Sie können dies verhindern, indem Sie für einen permanenten Informationsfluss zwischen Innen- und Außendienst sorgen, etwa durch die Einrichtung eines bereichsübergreifenden Netzwerkes, dessen übergeordnetes und gemeinsames Ziel darin besteht, lebendige Kundenbeziehungen aufzubauen. Innen- und Außendienstler informieren sich gegenseitig über ihre Arbeit und bringen gemeinsam kundenorientierte Lösungen auf den Weg. So erhält jede Seite Einblick in die Nöte und Schwierigkeiten der anderen, der Austausch weckt ein Verständnis für die Probleme des anderen Bereichs. Denn der Außendienstler weiß nun, dass die Nachbereitung der Kundenkontakte manchmal etwas länger dauert, weil Kunden im persönlichen Gespräch schon einmal recht schnell Interesse bekunden, aber zögerlich reagieren, wenn es um das konkrete Angebot geht, das der Innendienst verschickt. Und der Innendienst erfährt von der Mühsal der Akquisition vor Ort beim Kunden.

Falls möglich, sollten Sie die Mitarbeiter in den jeweils anderen Bereich hineinschnuppern lassen. Der Kollege aus dem Innendienst begleitet den Verkäufer zum Kunden, der Verkäufer setzt sich im Büro eine Stunde neben den Innendienstler. Durch diese „Jobrotation" lernt jeder die Tätigkeit des anderen aus erster Hand kennen und weiß, wie er den Kollegen bei der Verwirklichung des bereichsübergreifenden Ziels „Vertrauensaufbau" unterstützen kann – und so entsteht Marktdynamik, weil alle Bereiche ihre Kräfte auf die Erreichung eines gemeinsamen Ziels fokussieren.

Druck verhindert Vertrauensaufbau

Unternehmer, die allein Umsatz- und Gewinnsteigerung zur Maxime erheben und bei denen der Profit vor dem Kunden kommt, ziehen Mitarbeiter mit der entsprechenden Einstellung heran. Solche Mitarbeiter fühlen sich ermuntert, ihrem Drang zum Hochdruckverkauf ungehemmt freien Lauf zu lassen. So bringen sie zwar kurzfristig „Geld in die Kasse", verhindern jedoch den Aufbau langfristiger Kundenbeziehungen. Denn Hochdruckverkäufer verursachen überdurchschnittlich hohe Storno- und Reklamationskosten, weil sie Kunden eher überreden. Wenn Sie jedoch die Beziehung zum Kunden in den Mittelpunkt stellen, fördern Sie Gleichgesinnte, machen diese auf sich und Ihr Unternehmen aufmerksam – mit dem entscheidenden Unterschied, dass Sie Mitarbeiter an sich binden, denen der Kundennutzen über alles geht.
Übrigens: Wenn es Ihnen gelingt, Ihre Mitarbeiter vom Druck des „Abschlusses um jeden Preis" zu befreien, handeln Sie ökonomisch letztendlich auch deshalb, weil – zum Beispiel – Verkäufer, die unter Druck stehen, diesen Druck mit ins Kundengespräch nehmen: Der Kunde spürt dies, der Vertrauensaufbau scheitert. Deshalb sollten Sie bedenken: Ihre Kommunikation mit Mitarbeitern und Verkäufern dient diesen als Beispiel, wie sie selbst mit den Kunden umgehen können. Auch hier kommt wieder Ihre Vorbildfunktion ins Spiel:

Wer als Unternehmer Werte wie Glaubwürdigkeit, Authentizität und Ehrlichkeit in seine Führungsmaximen integriert und sie vorlebt, darf davon ausgehen, dass der Mitarbeiter zur aktiven Kundenbindung beiträgt, indem auch er diese Werte im Kundengespräch „lebt".

Eine Möglichkeit, diese Werte motivierend, verbindlich und verpflichtend zu Handlungsmaximen zu machen, ist die Erstellung eines Ethik-Kodex, den der Unternehmer und die Führungskräfte gemeinsam mit den Mitarbeitern erstellen. Der Kodex dient dann Ihnen und den Führungskräften und Mitarbeitern als Orientierung und Leitfaden.

Den Kunden zum Reden veranlassen

Wenn der Vertrauensaufbau in die Unternehmensstrategie integriert ist, sich in der Kommunikationskultur widerspiegelt und von Ihnen und den Führungskräften vorgelebt wird, ist der Boden bereitet für den Vertrauensaufbau am Point of Sales. Gemeinsamkeiten zwischen Verkäufer und Kunde schaffen Vertrauen. Gemeinsamkeiten lassen sich über Informationen herstellen, die dem Verkäufer aus dem persönlichen Bereich des Kunden bekannt sind. Doch Vorsicht: Das Interesse muss ehrlich sein und von Herzen kommen – ansonsten vermutet der Kunde Schmeichelei. Wichtig ist auch die Sprache des Verkäufers – er kann dem Kunden bereits durch seine Sprache signalisieren, dass er sich mit ihm auf einer Wellenlänge bewegen will. Fachtermini – oder „Fachchinesisch" – sollten vermieden werden, denn der Kunde kennt das Produkt natürlich nicht so gut wie der Verkäufer. Vertrauen und eine lebendige

Kundenbeziehung können geschaffen werden, indem in einer klaren und verständlichen Sprache der Kundennutzen auf den Punkt gebracht wird. Kundenorientierte Kommunikation, die den Kunden auch sprachlich dort abholt, wo er steht, eröffnet den Zugang zu ihm. Die kundenorientierte Sprache nutzt allerdings wenig, wenn die verbalen Äußerungen mit den nonverbalen nicht übereinstimmen. Wenn sich der Verkäufer nach den Wünschen des Kunden erkundigt, er jedoch mit seiner Körpersprache zu verstehen gibt, dass er „eigentlich ganz woanders ist" – also zum Beispiel mit seinen Gedanken bei dem gestrigen spannenden Fußballspiel –, wird der Kunde merken, dass der Verkäufer die Frage nach dem Kundenbedarf eigentlich nur stellt, weil er es auf einem Kommunikationstraining so gelernt hat, sie also nicht auf echtem Interesse gründet. Das heißt: Die richtigen Worte und der richtige Tonfall müssen mit einer positiven Körpersprache verbunden werden.
Ein Problem vieler Verkäufer besteht darin, dass sie ihre vordringliche Aufgabe darin sehen, Produkte und Dienstleistungen anzubieten – entsprechend stellen sie deren Merkmale in den Vordergrund und vernachlässigen die Wünsche des Kunden. Kundenorientierte Verkäufer rücken den Kundennutzen in den Mittelpunkt: „Was erwarten Sie von dem Produkt, warum ist die Dienstleistung für Sie wichtig?" Fragen wie diese führen direkt in die Vorstellungswelt des Kunden. Der Verkäufer muss herausfinden, was den Kunden bewegt, er muss ihn verstehen, und seinen Kaufmotiven auf die Spur kommen.
Der Grundsatz lautet also: Nicht der Verkäufer soll reden – sondern der Kunde. Und dieses Ziel lässt sich erreichen, indem vor allem Fragen gestellt werden. Ein Verkäufer, der das Gespräch durch Fragen führt, signalisiert, wie wichtig der Kundennutzen für ihn ist – und er erhält Auskunft

über das konkrete Kaufmotiv. Darauf kann er eine kundenorientierte Argumentationsstrategie aufbauen.

Zu den wichtigsten Methoden, eine lebendige und vertrauensvolle Beziehung zum Kunden aufzubauen, gehören die Fragetechniken. Folgende Fragearten und Techniken helfen, sich konzentriert und aufmerksam mit dem Kunden und seinen Wünschen zu beschäftigen:

- „W-Fragen", also „Was- und Wie-Fragen". Die Fragen heißen offene Fragen, weil sie vom Kunden mehr als nur ein „Ja" oder „Nein", sondern vielmehr eine ausführliche Antwort fordern.
- Informationsfragen, mit denen nähere Informationen zum Gesprächsgegenstand eingeholt werden. Eine Zuspitzung dieser Frageart ist die Alternativfrage, die so formuliert ist, dass der Gesprächspartner seine Antwort aus den vorgegebenen Alternativen auswählen kann: „Woher wissen Sie, dass dieses Produkt nicht so gut sein soll? Aus der Zeitung oder hat Ihnen das jemand erzählt?" Die Bestätigungsfrage dient der Absicherung der Antwort des Gesprächspartners: „Habe ich Sie richtig verstanden ...?" In dieselbe Richtung weist die Präzisierungsfrage: „Welchen Nutzen genau erwarten Sie von der Dienstleistung?"
- Fragen, in denen die Gedankengänge des Gesprächspartners verarbeitet sind („Paraphrasierung"): „Sie scheinen von den Produktvorteilen noch nicht überzeugt zu sein?" Der Fragesteller erhält detailliertere Informationen zu dem Kundenwunsch.
- das Nachfragen als aktive Form des Zuhörens, um Gesprächsinhalte zu klären: „Ich habe Sie noch nicht recht verstanden, Herr Kunde. Können Sie Ihr Anliegen noch einmal ausführlicher erläutern?" So hilft der Verkäufer dem Kun-

den, seine Wünsche deutlicher auszudrücken.
- Verbalisierung: Der Verkäufer gibt die Äußerungen des Kunden in seinen eigenen Worten wieder und fasst sie zusammen: „Wenn ich Sie richtig verstanden habe, meinen Sie also ..."

In eine ähnliche Richtung weisen alle Gesprächstechniken, die Zustimmung signalisieren und den Gesprächspartner zum Weiterreden bewegen. Manchmal genügt eine kleine Körperbewegung oder ein nonverbales Signal, das dem Gesprächspartner zeigt, er solle bitte weitersprechen. Auch Äußerungen wie „Tatsächlich", „Aha" und „Reden Sie bitte weiter" veranlassen den Kunden, sich ausführlicher zu äußern. Vermieden werden sollten hingegen alle Fragearten, die den Kunden manipulieren oder in eine bestimmte Richtung drängen. Dazu gehören die Suggestivfrage, die lediglich die Meinung des Fragestellers umschreibt, und die Scheinfrage oder rhetorische Frage, auf die der Fragesteller keine Antwort erwartet, sondern lediglich eine Bestätigung seiner Ansicht.

Nehmen Sie sich Zeit zum Nachdenken!

- *Lesen Sie sich noch einmal die zehn Regeln für ein erfolgreiches Beziehungsmanagement durch: Welche der Regeln werden in Ihrem Unternehmen beherzigt?*
- *Haben Sie den Aspekt „Vertrauen und Vertrauensaufbau" in Ihre Unternehmensstrategie integriert?*
- *Wie können Sie dafür sorgen, dass „Vertrauen und Vertrauensaufbau" zu einem wesentlichen Bestandteil Ihrer Unternehmensstrategie werden?*
- *Ist sicher gestellt, dass Ihre Mitarbeiter und Verkäufer und Sie selbst in den Kundengesprächen den Kunden reden lassen – und ihn zum Reden animieren?*

3.3 Emotionen als Kaufmotiv

Ich habe bereits des Öfteren auf die Bedeutung der Emotionen hingewiesen, wenn es um den Aufbau lebendiger Kundenbeziehungen geht. Ein Buchtitel von mir lautet: „Freude ist die vollendetste Form der Dankbarkeit". Ich bin der Meinung, dass die Freude – als Gefühl – ein sehr starkes, wenn nicht sogar das stärkste Kaufmotiv darstellt. Also ist es sehr wichtig, gerade jenes Gefühl auf Seiten des Kunden zu wecken.

Bei Untersuchungen von Marktstrategien stellt man immer wieder fest, dass häufig verkrampft nach Produktvorteilen gesucht wird, um die jeweiligen Leistungen unter Anpreisung eben jener Produktvorteile anzubieten. Und oft wirkt das dann auch sehr verkrampft – bereits bei der Präsentation, wenn zum Beispiel – gestatten Sie mir die Übertreibung – stundenlang die technischen Vorteile eines Wagens angepriesen werden, der Kunde aber eigentlich ein Statussymbol sucht und kaufen will. Wenn der Verkäufer diesbezüglich doch nur einmal nachfragen würde!

Erstaunlich, dass einfache und schon fast selbstverständliche Faktoren, die die Gefühle ansprechen, so wenig genutzt werden. Das steht in enger Verbindung damit, dass gerade die Führungsverantwortlichen in diesem Bereich zu wenig beachten, dass Kunden vielfach aus emotionalen Gründen kaufen, und nicht aus rationalen. Was Menschen – also Kunden ! – beim Kaufvorgang wieder verstärkt suchen, sind: Lebensgefühl, Lebensqualität, Sicherheit, Wohlgefühl und auch Glück. Aus diesem Grund sollten wir unsere Leistungen und Produkte dahingehend untersuchen, ob Sie das Gefühl beim Kunden ansprechen und ob sie insbesondere geeignet sind, Freude bei ihm zu wecken.

Nehmen Sie sich Zeit zum Nachdenken!

Entsteht bei dem Kauf Ihrer Dienstleistungen und Produkte auf Seiten des Käufers das Gefühl der Freude?

_____

_____

_____

Wodurch genau entsteht dieses Freudegefühl?

_____

_____

_____

Wie wirkt sich diese Freude aus?

_____

_____

_____

Ist Freude als reines, schönes Gefühl bei all Ihren Leistungen einkalkulierbar und herstellbar? Wenn dies nicht der Fall ist: Wie lässt sich das Freudegefühl wecken?

_____

_____

_____

Die Freude ist aber nur eine Emotion auf der nach oben offenen „Richterskala" der Gefühle. Und sie ist sicherlich eine der wünschenswerten Emotionen, ebenso wie Begeisterung, Enthusiasmus, Anteilnahme, Interesse und Zufriedenheit. Nun gibt es aber noch jene Emotionen, die nicht so wünschenswert sind und die man im Kundenkontakt nicht aktualisieren möchte. Ich denke an Desinteresse, Widerstand, Ärger und Wut, ja sogar Abneigung, Widerstand oder gar Feindschaft. Natürlich werden Ihre Mitarbeiter und Sie bestrebt sein, diese Emotionen nicht zu wecken, aber es wird sich nicht immer vermeiden lassen, etwa im Reklamationsgespräch. Wie soll man mit diesen Emotionen umgehen?

Nun: Jedes Gefühl ist zunächst einmal weder gut noch schlecht. Der Ärger eines Kunden über ein defektes Produkt beispielsweise kann Ausdruck seiner Enttäuschung darüber sein, bei einem Unternehmen, von dem er ansonsten immer gute Qualität gewohnt ist, nun auch einmal ein schlechtes Produkt erstanden zu haben. Sein Ärger ist also letztlich eine Bestätigung Ihres Qualitätsbewusstseins – das in diesem einen konkreten Fall leider einmal enttäuscht worden ist. Die Konsequenz, die daraus zu ziehen ist, besteht darin, den Kunden zu überzeugen, dass dies eine Ausnahme war und Ihre Mitarbeiter und Sie nun alles tun werden, seine grundsätzlich positive Bewertung Ihres Unternehmens wieder zu bestätigen.

Der Ärger des Kunden ist mithin eine „positive" Gefühlsäußerung insofern gewesen, als dass er Ihnen einen wichtigen Hinweis darauf gegeben hat, in welchen Bereichen Ihres Unternehmens ein Optimierungsbedarf besteht.

„Freude" bestätigt Sie und animiert Sie, „so weiter zu machen wie bisher". Kundenärger ist ein Anlass, sich zu verbessern. Wenn Sie und Ihre Mitarbeiter zu dieser konstruktiven Einstellung gegenüber Gefühlen und Emotionen des Kunden, die nur auf den ersten Blick als negativ zu bewerten sind, gelangen können, ist viel gewonnen. Gefühle und Emotionen der Kunden werden daraufhin hinterfragt, ob sie ein Signal zur Verbesserung beinhalten.

Eine solche Vorgehensweise ist ein schwieriges Unterfangen, denn sie bedeutet, dass – zum Beispiel – ein Verkäufer seine Gefühle zwar nicht verleugnet oder unterdrückt, aber in der Lage ist, mit Gefühlen kontrolliert und kundenorientiert umzugehen. Fatal wäre es, wenn er auf den in kräftigen Worten geäußerten Kundenärger seinerseits mit Ärger reagieren und sich auf eine verbale Auseinandersetzung mit dem Kunden einlassen würde. In einer solchen Situation besonnen den Ursachen für den Kundenärger auf die Spur zu kommen, erfordert ein Höchstmaß an Gelassenheit und kommunikativ-sozialer Kompetenz. Letztendlich aber ist diese Vorgehensweise auch wieder Resultat der absoluten Kundenorientierung. Ich bin der Meinung: Wer die Einstellung verinnerlicht hat, den Kunden zum Mittelpunkt seiner – des Kunden – Welt zu machen, wird mit hoher Wahrscheinlichkeit, quasi automatisch, Kundenärger nicht als einen Angriff auf die eigene Person interpretieren, sondern als Möglichkeit und Chance verstehen, den Kunden noch enger an das Unternehmen zu binden – indem man auch jetzt den Kundennutzen als höchstes Gut und Ziel ansieht und Top-Service und Top-Qualität bietet.

Nehmen Sie sich Zeit zum Nachdenken!

Wie gehen Ihre Mitarbeiter und Sie bisher mit „negativen" Kundenemotionen und -gefühlen um?

_____

_____

_____

_____

_____

_____

Was können Sie tun, damit Ihre Mitarbeiter – und auch Sie selbst – zu einer konstruktiven Einstellung gegenüber „negativen" Kundengefühlen gelangen?

_____

_____

_____

_____

_____

_____

_____

Kapitel 4:

Marktdynamik entsteht durch Total Quality Kultur

Was Ihnen dieses Kapitel bietet

Die beste Marketingstrategie besteht immer noch darin, dem Kunden bestmögliche Qualität und einen optimalen Service zu bieten und sowohl Qualität als auch Service permanent zu verbessern. Der Weg zum Ziel führt über das ideale Streben nach Vollkommenheit, denn nur dieses Streben veranlasst Sie dazu, den Anlauf zur bestmöglichen Qualität immer wieder aufs Neue in Angriff zu nehmen, um so die Marktdynamik Ihres Unternehmens zu verstärken.

4.1 Das Streben nach Vollkommenheit

Der Begriff „Qualität" nimmt in unserer gesellschaftlichen Diskussion einen immer breiteren Raum ein. Das ist wichtig und notwendig. Es entsteht dadurch aber auch die Gefahr, dass er zum Modewort verkommt, zu einer Allerwelts-Vokabel oder einem Jargon. Aus diesem Grund ist meine Definition von Qualität zunächst einmal nicht ganz einfach zu verstehen, meiner Meinung nach jedoch beschreibt sie den einzig richtigen Weg, tatsächlich Top-Qualität zu erreichen. Also:

Qualität ist das ständige Bestreben nach der Begegnung mit der Vollkommenheit, und zwar mit dem Ziel der Kundenzufriedenheit.

Aus der Definition geht hervor: Es handelt sich bei dem „Kampf" um Qualität um einen nie endenden Prozess. Der Qualitätsbegriff selbst unterlag im Verlauf der Zeit vielfältigen Änderungen. Die Arbeitsorganisation nach dem Tayloristischen Konzept bewirkte in der Produktion eine systematische Trennung zwischen Hand- und Kopfarbeit. Diese Phase war durch den Versuch gekennzeichnet, Qualität in die Produkte gleichsam hineinzukontrollieren, da damals die Ansicht galt, Qualität sei eine Sache der Fachleute. Diejenigen, die die Produkte herstellten, mussten sich bezüglich der Qualität nicht den Kopf zerbrechen – das war die Aufgabe einiger ausgewählter Qualitätsexperten und der Controller. „Qualität" war mithin lediglich eine Funktion des Arbeitsprozesses – wenn das Produkt fehlerfrei hergestellt wurde, war Qualität als automatische Folge gewährleistet. Es ging also um Produktqualität.
Inzwischen ist der Begriff „Total Quality Ma-

nagement" sehr verbreitet, und viele Menschen bringen ihn in Verbindung mit der permanenten Verbesserung der Produktion und der Organisationsprozesse. Aber auch hier bezieht sich Qualität wieder nur auf einen Teilbereich der unternehmerischen Aktivität. Qualität aber darf sich nicht nur auf die Produkte und Dienstleistungen beziehen, auf die Produktion und die Arbeitsabläufe, sondern muss die gesamten Wertschöpfungsprozesse, die Arbeitsbedingungen und die Umwelt betreffen. Qualität ist keine technische Funktion, sondern meint einen unternehmensumfassenden systematischen Prozess, mithin eine Kultur, die das ganze Unternehmen durchdringen muss. Qualitäts-Kultur muss überall angestrebt werden, in jedem Bereich des Unternehmens und von jedem Menschen, der für das Unternehmen tätig ist.

Total Quality Management bedeutet zwar eine Weiterführung des Qualitätsbegriffs – aber ich plädiere dafür, eine Total Quality Kultur anzustreben.

Umfassende Qualitätsverbesserungen im Sinne einer Total Quality Kultur können wir nur durch die Anstrengung aller Mitarbeiter und Führungskräfte erreichen – die Bemühungen einiger weniger Spezialisten, die für die Qualität verantwortlich sind, reichen nicht aus. Vielleicht werden Sie sagen, dass dies doch eine Selbstverständlichkeit sei. Und eventuell mag das in Ihrem Unternehmen auch so sein – aber dann gehören Sie nicht zu der Mehrheit. Denn wie anders ist die allumfassende Klage der Kunden und Konsumenten über die Qualität und die Servicebereitschaft deutscher Unternehmen zu erklären?

Es geht jedoch nicht nur um die Qualitätsverbesserung um ihrer selbst willen, sie hat ein Ziel, nämlich: Die Bedürfnisse des Kunden sind der alleinige Maßstab für Qualität. Oder etwas pathetisch ausgedrückt: Die Orientierung am Kunden ist der zentrale Aspekt des Qualitätsbewusstseins, der Kunde ist im Universum des unternehmerischen Denkens und Handels die Sonne, um die sich alles dreht. Wenn man von Qualität spricht, muss man daher genau unterscheiden, wessen Qualitätsbegriff gemeint ist: der des Unternehmens oder der des Kunden, also des Marktes.

Im Unternehmen geht es sehr häufig darum, das formvollendetste und geschmacklich beste, das perfekteste Produkt – oder eine entsprechende Dienstleistung – anzubieten. Wir müssen uns allerdings fragen: Hat der Kunde, der Endverbraucher, die gleiche Meinung? Denn es ist der Kunde, der entscheidet, was Qualität ist, und das ist in der Regel das, was gefällt und gebraucht wird, was einen Nutzen bietet und gleichzeitig positive Emotionen weckt. Beide Bereiche, nämlich der gefühlsmäßige Bereich und der rationale, müssen in der Qualität des Angebotenen stimmig sein. Nur wenn beide Aspekte Beachtung finden, nur wenn das Gut, das Sie auf dem Markt anbieten, von seinen Eigenschaften und seiner Anmutung her überzeugt, entwickelt sich auf Seiten des Kunden ein hoher Sympathiewert für Ihr Unternehmen.

Durch Kundenbefragungen, Kundengespräche und eine Marktanalyse können Sie herauszufinden, was Ihre Kunden unter Qualität verstehen. Ein drastisches Beispiel zeigt, was passiert, wenn dies unterlassen wird: In München hat man vor ein paar Jahren in der Leopoldstraße ein großes Kaufhaus gebaut. Es war wohl zu dieser Zeit das größte und teuerste Kaufhaus. Es gab dort nichts, was man nicht hätte kaufen können, und es war mit den allerbesten und teuersten Einrichtungsgegenständen und Kommunikationsmitteln ausgestattet, die es zu dieser Zeit gab. Die Eröffnung gestaltete sich wie ein Volksfest – das Kaufhaus

war gut besucht, nicht zuletzt aufgrund der umfangreichen Werbung, die das Kaufhausmanagement betrieben hatte. Allein: Die Kassen blieben so gut wie leer!
Der Grund: Das Kaufhaus war so modern und so „verrückt" eingerichtet, dass es von den Menschen, von den Herzen der Menschen nicht angenommen wurde. Es hat vielleicht die rationale Erwartungshaltung der Kunden befriedigt – zum Beispiel durch das umfangreiche Produktsortiment. Aber die emotionale Erwartungshaltung ist anscheinend überhaupt nicht angesprochen worden. Die Kunden lehnten das übertriebene Interieur ab, sie konnten mit jener übertriebenen Modernität nichts anfangen. Nach zwei Jahren wurde der Mammutbau nicht nur geschlossen, sondern auch abgerissen. In der Bevölkerung heißt es. „Es wurde die Rechnung ohne den Wirt gemacht." Oder besser: ohne den Kunden. Dessen Qualitätsmaßstäbe und Erwartungen an ein Kaufhaus waren nicht berücksichtigt worden, das Kaufhaus war an den emotionalen Erwartungen der Kunden vorbei erbaut worden.

Nehmen Sie sich Zeit zum Nachdenken!

Wie kann Ihr Qualitätsbegriff mit dem Qualitätsbegriff der Kunden in Übereinstimmung gebracht werden?

Das Ideal beschreiben

Qualität muss immer in Verbindung gebracht werden mit den Werten, die durch die unternehmerischen Leistungen entstehen. Und deshalb noch einmal: *Qualität ist das ständige Bestreben nach der Begegnung mit der Vollkommenheit, und zwar mit dem Ziel der Kundenzufriedenheit.* Noch ist mir nichts Vollkommenes, außer der Schöpfung, begegnet. Aber unser Streben danach ist der richtige Weg. Nichts ist vollkommen, denn wenn es vollkommen wäre, bedürfte es keiner Verbesserung mehr. Tatsache ist, dass es nichts gibt, was wir nicht verbessern könnten. Der Bedarf an Verbesserungen ist jedoch – bezogen auf die verschiedenen Bereiche eines Unternehmens und die Vielfalt der unternehmerischen Aktivitäten – unterschiedlich ausgeprägt, und zwar durch die Vielfalt der unternehmerischen Leistungen sowie der Mittel und Maßnahmen, die zur Qualität führen.

Das Streben nach Vollkommenheit hat naturgemäß ein Ideal zum Ziel. Wie aber sieht dieses Ideal aus? Nun: Jeder Unternehmer muss dieses Ideal für sich beschreiben – angelehnt an die konkreten Gegebenheiten des jeweiligen Unternehmens. Und dann müssen Sie versuchen, mit allen Ihnen zur Verfügung stehenden Mitteln dem Ideal möglichst nahe zu kommen. Dabei ist strikt darauf zu achten, dass die Kosten, die für die permanente Verbesserung notwenig sind, die Wettbewerbsfähigkeit des Unternehmens nicht beeinträchtigen. Natürlich habe auch ich mir intensiv Gedanken über meine Idealvorstellung zur optimalen Qualitäts- und Kundenorientierung gemacht, die ich Ihnen gerne vorstellen möchte – vielleicht enthält sie bedenkenswerte Anregungen für Sie. Ich möchte sie folgendermaßen beschreiben: „Löse die Probleme deiner Kunden und befriedige ihre

Bedürfnisse in höchster Qualität und mit dem geringsten materiellen Aufwand – so löst du gleichzeitig deine eigenen Probleme und befriedigst deine Bedürfnisse."
Ich bin überzeugt: Wer auf dieser Basis seine Marktstrategien entwickelt, wird seinen Markt für die Zukunft und auf Dauer sichern – und Marktdynamik entfesseln.

Nehmen Sie sich Zeit zum Nachdenken!

Beschreiben Sie IHRE Idealvorstellung einer optimalen Qualitäts- und Kundenorientierung! Bedenken Sie: Sie dürfen ruhig ein wenig „träumen", aber die unternehmerischen Realitäten nicht gänzlich aus den Augen verlieren.

4.2 Die Veränderungsbereitschaft stärken

Das Streben nach permanenter Optimierung – und damit eine Total Quality Kultur – ist relativ schwer im Unternehmen durchzusetzen. Man schätzt, dass 86 Prozent aller berufstätigen Menschen eher Bewahrer sind. Nur 14 Prozent sind bereit, sich aktiv für eine permanente Optimierung einzusetzen. Der Grund: Permanente Verbesserung setzt den Willen und die Bereitschaft zur Veränderung voraus, unser genetische „Bauplan" ist jedoch so angelegt, dass die meisten Menschen zunächst einmal Angst vor Veränderungen haben. Diesen Zustand müssen wir dahingehend beeinflussen, dass mehr Menschen bereit und in der Lage sind, Veränderungen, die zu Verbesserungen führen, aktiv anzugehen. Und verantwortlich dafür sind die Unternehmer und

die Führungskräfte, die die Voraussetzungen dafür schaffen müssen: Es liegt also an Ihnen, mit Ihren wertvollen Zielen Ihre Mitarbeiter dazu zu begeistern, die Veränderungen zu wollen.
Bei der Stärkung der Veränderungsbereitschaft und Wandlungsfähigkeit der Menschen sind zwei Dinge zu beachten:
- die Zunahme der Veränderungsdynamik und
- die Verkürzung der Veränderungszyklen.

Durch diese zwei Faktoren entsteht ein ungeheurer Veränderungsdruck, auf dessen Bewältigung die Mitarbeiter vorbereitet werden müssen. Dies kann geschehen, indem Sie aus Betroffenen Beteiligte machen. Eine Möglichkeit besteht im Veränderungsmanagement, durch das Veränderungsprozesse auf der Unternehmens- und der persönlichen Ebene geplant und durchgeführt werden. Veränderungsmanagement braucht einen Akteur, einen „Vollstrecker", einen „Antreiber" – dies können Sie selbst sein, indem Sie zum Motor der Veränderungsbereitschaft werden, oder eine Führungskraft, die für eine gewisse Zeit eine Stabsfunktion mit der strategischen Aufgabe übernimmt, den Boden für notwendige Veränderungsprozesse zu bereiten.
Zu den wichtigsten Aufgaben gehört es, in Workshops, Teamsitzungen und Einzelgesprächen als Mentor des Neuen und der Veränderung die Beharrungskräfte zu überwinden und die Veränderungsbereitschaft zu fördern.
Wer jedoch glaubt, Veränderungen auf der organisatorischen und persönlichen Ebene im Eiltempo herbeiführen zu können, täuscht sich. Denn immer geht es dabei um das Aufbrechen eingeschliffener Handlungs- und Denkmuster, um die Verabschiedung bisheriger Verhaltensweisen. Der Wille zur Veränderung ist schnell und leicht gefordert, ihn im täglichen Handeln zu aktualisie-

ren, ist eine Angelegenheit, die langen Atem und kontinuierliche Anstrengung erfordert. Eine Voraussetzung besteht in dem individuellen Eingehen auf den einzelnen Mitarbeiter. Denn während der eine die Veränderung primär als Chance zur Weiterentwicklung interpretiert, sieht der andere vor allem die möglichen Gefahren und Risiken – wobei die zweite Gruppe die durchaus größere ist. Diese zweite Gruppe zur Veränderungsbereitschaft zu motivieren, kann gelingen, indem Sie Ihre Mitarbeiter immer wieder auf Situationen hinweisen, in denen es ihnen gelungen ist, eine Veränderung durchzuführen: etwa bei der Anwendung eines neuen Gesprächsleitfadens im Kundengespräch oder bei der Einführung des neuen EDV-Systems. Durch die Erinnerung an jene Positiverlebnisse machen Sie Mut, die Veränderungsbereitschaft permanent aufrecht zu erhalten.

Es gibt die These, Mitarbeiter akzeptierten die Veränderung erst, wenn der Schmerz, am Alten festzuhalten, so groß ist, dass die Beschäftigung mit dem notwendigen Veränderungsprozess als einziger Ausweg offen steht. Dieser „Schmerz" kann die Kündigung sein, die droht, wenn es dem Unternehmen nicht gelingt, den Prozess zu bewältigen. Besser ist es jedoch, die emotionale Beteiligung der Mitarbeiter durch das Gegenteil zu erreichen, nämlich durch ein überzeugtes und freudiges „Jawort" zur Veränderung.

Bewahrer sind meistens Betroffene, die keinen Einfluss auf die Gestaltung der Veränderung innerhalb des Unternehmens haben, sondern lediglich vor die Tatsache gestellt werden, nun doch bitte schön die Veränderung zu bewältigen. Im Gegensatz dazu haben Beteiligte die Möglichkeit, an der Planung und Umsetzung von Veränderungen aktiv mitzuwirken. Während sich solche Mitarbeiter als aktive Gestalter innerhalb des Veränderungsprozesses betätigen, müssen sich Bewahrer darauf beschränken, sich mit den Auswirkungen zu arrangieren. Sie fühlen sich dadurch ausgegrenzt und reagieren meist entsprechend, nämlich mit Widerstand. Und dieser – passive und aktive – Widerstand der Mitarbeiter ist es, durch den die Veränderungsprozesse unnötig in die Länge gezogen werden. Die Konsequenz also lautet:

Beteiligen Sie Ihre Mitarbeiter an den Entscheidungsprozessen in Ihrem Unternehmen, wo immer dies möglich ist. Machen Sie sie zu Akteuren der Veränderung.

Ein weiterer Grund, warum Veränderungen blockiert werden, ist die Unsicherheit der betroffenen Mitarbeiter. Sehr oft wird die Atmosphäre im Unternehmen durch negative Spekulationen angeheizt. Wie kann man diese verhindern? Informieren Sie Ihre Mitarbeiter möglichst früh über geplante Veränderungen. Die Informationen müssen glaubhaft und konkret sein. Ihre Mitarbeiter müssen die Veränderungsnotwendigkeit nachvollziehen können und sie brauchen individuelle Unterstützung, aber auch das Gefühl, einbezogen zu werden und mitwirken zu können.

An dieser Stelle möchte ich an eine Ordensregel des Heiligen Benedikt erinnern: „Der Abt treffe seine Entscheidungen selbst, frage aber bei allen wichtigen Dingen seine Mitbrüder, und bei ganz wichtigen selbst die Jüngsten". Dabei ist zu beachten, dass Mitarbeiter bei der Umsetzung oder Beratung durchaus auch einmal – aus der Perspektive der Gesamtentwicklung des Unternehmens gesehen – falsch liegen dürfen. Wenn sie jedoch ihre Argumente nicht äußern dürfen, weil sie vielleicht nicht zutreffend sind oder an der

Unternehmenswirklichkeit vorbeizielen, werden sie auch ihre „richtigen" Argumente zurückhalten und in eine emotionslose Lethargie verfallen. Sie werden denken: „Anscheinend ist meine Beteiligung, mein Mitdenken nicht erwünscht, also schweige ich lieber und erledige meine Aufgaben" – und das geschieht dann ohne Engagement, ohne Freude und Begeisterung: Eine große Chance zur Entwicklung von Marktdynamik ist vertan!

Wer hingegen zum Beispiel einen Verbesserungsvorschlag zur Qualitätssteigerung auch unter dem Aspekt einbringen kann, dass er damit eventuell die Ziele des Unternehmens nicht hundertprozentig abdeckt, also ruhig auch einmal „falsch" liegen darf, wird sich von der Ablehnung seines Vorschlages nicht entmutigen lassen. Wenn Sie den Mitarbeiter dann noch ausdrücklich loben und seine Initiative anerkennen – auch und gerade wenn sie nicht zum gewünschten Resultat führt –, wird er weiterhin engagiert und aktiv an der Qualitätsoptimierung mitarbeiten. Und vielleicht ist sein nächster Verbesserungsvorschlag das Top-Ereignis in Ihrem Unternehmen, weil er einen entscheidenden Schritt nach vorne bedeutet! Dass Sie mithin bei – fast – allem, was Ihre Mitarbeiter tun, hinter ihnen stehen müssen, versteht sich von selbst. Nur wenn Sie ihnen permanent den Rücken stärken, entsteht der Dialog zwischen Ihnen und den Mitarbeitern, der für die Umsetzung von Qualitätsveränderungen unerlässlich ist.

Wenn Sie die genannten Vorschläge beherzigen, entstehen enorme Chancen, zum Beispiel:
- Alle Mitarbeiter erkennen notwendige Veränderungen als Chancen zur Verbesserung.
- Alle Führungskräfte und Mitarbeiter unterstützen und fördern die Entwicklung von Kreativität und Innovation.
- Fehler werden als Resultate auf dem Weg zum

Ziel interpretiert und als Möglichkeit zur Weiterentwicklung erkannt.
- Die Notwendigkeit, die eigenen Fähigkeiten zu erweitern, wird zu einer Selbstverständlichkeit.
- Die Zusammenarbeit zwischen Management und Mitarbeitern ist geprägt von gegenseitigem Vertrauen.
- Alle Mitarbeiter sehen ihren Beitrag zur Erreichung der Unternehmensziele als notwendig und sinnvoll an.
- Alle Mitarbeiter orientieren sich konsequent an den Kundenbedürfnissen.

Nehmen Sie sich Zeit zum Nachdenken!

Welche Ihrer Mitarbeiter gehören eher zu den „Bewahrern"?

_____

_____

_____

Wie können Sie sie motivieren, den Willen und die Fähigkeit zur Veränderung zu entwickeln, so dass eine permanenten Qualitätsverbesserung Ihrer Leistungen möglich wird?

_____

_____

_____

Zudem entsteht ein Prozess, in dem das Ideal bezüglich der Qualitätsoptimierung immer wieder mit dem Ist-Zustand abgeglichen wird; gegebenenfalls muss jenes Ideal korrigiert und den Realitäten angepasst werden. Leonardo da Vinci wurde einmal gefragt, wie er es denn fertig bringe, aus einem groben Klotz von weißem Marmor einen so wunderbaren Löwen zu gestalten. Der Meister antwortete darauf: „Das ist eigentlich ganz einfach. Ich lasse alles weg, was nicht Löwe ist." Das heißt: Top-Qualität ist nicht dann erreicht, wenn man nichts mehr hinzufügen kann, sondern dann, wenn man nichts mehr wegnehmen kann.

Ein Unternehmen, in dem der Qualitätsmaßstab sehr hoch angesetzt ist und das diesbezüglich nach Vollkommenheit strebt, entwickelt eine starke Suggestivkraft und baut sich bei den Kunden – aber auch bei Lieferanten, Mitarbeitern und Multiplikatoren – ein hervorragendes Image auf. Denn es wird sich herumsprechen, dass bei Ihnen und in Ihrem Unternehmen die Qualität und die Kundenzufriedenheit oberste Ziele sind. Ihre Einstellung, immer ein klein wenig besser sein zu wollen als die Wettbewerber, und Ihre Aktivitäten, in einem nie endenden Prozess diesem Anspruch auch gerecht zu werden, wird meiner Erfahrung nach in der Öffentlichkeit zu einem äußerst positiven Unternehmensbild führen.

4.3 Mit Servicequalität zur Marktdynamik

Eine entscheidende Rolle in Ihrem Qualitätsmanagement spielt die Serviceorientierung. Zum Service zählt alles, was den Kunden motiviert, das Leistungsangebot Ihres Unternehmens in Anspruch zu nehmen – und so wird Ihre Serviceorientierung für die Entscheidung des Kunden, bei Ihnen jetzt und vor allem auch in Zukunft zu kaufen, von ausschlaggebender Bedeutung sein.

Ihr Umgang mit dem Kunden wird darüber entscheiden, ob man am Markt von einem servicefreundlichen Unternehmen spricht. „Freundlich sein" kann aber nur der Mensch – freundlich sein können Ihre Mitarbeiter. Von einem Produkt geht keine Freundlichkeit aus, und so ist es wieder einmal der Leitsatz „von Mensch zu Mensch", der auch bei der Serviceorientierung zum Tragen kommt. Radikaler Service entsteht, wenn Kundenwünsche frühzeitig erfragt und erkannt werden und wenn Ihre Mitarbeiter entsprechend handeln. Sicherlich spielen auch formale und technische Aspekte eine Rolle, etwa die Einrichtung einer 24-Stunden-Hotline, eines „Beschwerdekastens" im Internet, der gesicherten Zusage, eine Reparatur innerhalb einer bestimmten Frist durchzuführen, die Einrichtung eines ausgeklügelten Servicenetzes, durch das garantiert wird, dass der technische Servicedienst innerhalb kürzester Zeit vor Ort beim Kunden ist. Aber alle diese Maßnahmen nutzen wenig, wenn in der Kundenbeziehung nicht der Faktor „Menschlichkeit" an vorderster Stelle steht. Prof. Dr. Helmut Sihler, einer der erfolgreichsten Manager Deutschlands, hat einmal gesagt: „Qualität, Preiswürdigkeit, Service und Innovation sind Wege zum Verstand der Kunden; wir gehen sie sicherer und schneller, wenn wir auch den Weg zum Herzen der Kun-

den finden. Muss man Kunden lieben? Niemand muss müssen. Aber: Wem diese Liebe gelingt, der wird auf Dauer erfolgreicher sein, und dieser Erfolg wird – das ist der Eigennutz der Liebe – nicht nur ein Erfolg in Zahlen sein, sondern auch Spaß machen."
Service – so sehen es viele Experten – ist das „Produkt" der Zukunft. Denn die wirtschaftliche Zukunft liegt in der Dienstleistung. Die Bereitschaft zum Service kann zu einem wahren Dienstleistungsboom führen. Es gibt bereits Handelsunternehmen, die das Führen von Produkten ablehnen, wenn das produzierende Unternehmen keinen Außendienst zur Verfügung stellt. Ein guter Außendienst bietet zudem beste Möglichkeiten, Kunden zu binden und den Beziehungsaufbau zum Kunden voranzubringen. Und ein guter Service wird vom Kunden gut und auch gerne bezahlt: In manchen produzierenden Unternehmen entsteht der Gewinn in erster Linie im Servicebereich.
Es ist schon seltsam: Wir erledigen Bankgeschäfte und Einkäufe immer öfter mit dem Computer, kommunizieren mit Freunden und Kollegen zunehmend per E-Mail, knüpfen neue Bekanntschaften über das Internet – und wissen vor lauter Elektronik nicht mehr, wer neben uns wohnt. Wir sind zwar mit anderen Menschen in „Kontakt", doch dieser Kontakt ist alles andere als „artgerecht". Er befriedigt nicht unsere Bedürfnisse nach Geborgenheit und Zusammengehörigkeit, nach Liebe und nach dem kommunikativen Austausch von Angesicht zu Angesicht. Für mich stellt sich daher eine grundsätzliche Frage. Setzen wir voraus, dass gelebte Kunden- und Serviceorientierung heißt:
· Ein Verkäufer betreut Kunden über das normale Verkaufsgeschäft hinaus.

- Ein Verkäufer ist auch über die normale Arbeitszeit hinaus erreich- und ansprechbar.
- Ein Verkäufer erkennt Kundenwünsche und erfüllt sie auf eine Art und Weise, die weit über das normale Geschäftsgebaren hinausgeht.
- Eine Telefonistin oder eine Call-Center-Mitarbeiterin weiß, dass sie die „Visitenkarte" des Unternehmens ist und entscheidend für den ersten Eindruck ist, den ein Kunde von dem Unternehmen gewinnt.
- Ein Buchhalter zieht sich im Gespräch mit dem Kunden nicht immer nur auf seine Zahlen und Fakten zurück und lässt es „menscheln".
- Der Lagerist versendet nicht nur einfach etwas, sondern denkt im Sinne des Kunden mit.

Nun meine Frage: Wie kann dies alles möglich sein, wenn die Mitarbeiter nicht freundlich, ehrlich, hilfsbereit und zuverlässig sind? Natürlich müssen sie auch über die entsprechende Fachkompetenz verfügen; der Kunde muss sicher gehen können, dass in diesem Unternehmen das Know-how der Mitarbeiter außergewöhnlich hoch ist. Wichtiger aber ist das, was ich die „menschliche Komponente" nennen möchte.
Ehrlichkeit meint, den Kunden nicht hinzuhalten, sondern ihn als Gesprächspartner zu interpretieren, dem man einen hohen Nutzen stiften möchte. Hilfsbereitschaft bedeutet, dem Kunden, der eine besondere Hilfe braucht, eventuell eine Hilfe, die ihm aus einer bestimmten Not hilft, diese Hilfestellung jederzeit und in hoher Qualität auch zu geben. Zuverlässigkeit gehört wohl zu den am höchsten eingeschätzten Tugenden im Umgang mit Menschen. Unzuverlässigkeit ist im höchsten Maße negativ imagebildend und wirkt rufschädigend, etwa wenn Lieferzeiten und andere Zusagen nicht eingehalten werden.

Ihr Ziel muss es sein, dass der Kunde mit Freude weitererzählt, was er in Ihrem Unternehmen an Servicequalität erlebt hat, also Ihr Unternehmen mit voller Überzeugung weiterempfiehlt. So entsteht jene Sogwirkung, in deren Gefolge sich Marktdynamik entwickeln kann.

Sie sehen: Es ist wie bei der permanenten Qualitätsoptimierung: Radikaler Service im Sinne des Kunden ist nur möglich, wenn Ihre Mitarbeiter, Ihre Führungskräfte und Sie selbst – lassen Sie mich das Wort benutzen – *beseelt* sind von dem Willen, den Kunden zum Mittelpunkt seiner Welt zu machen.

Nehmen Sie sich Zeit zum Nachdenken!

Wie ist es um die Servicequalität in Ihrem Unternehmen bestellt?

Weist Ihr Service eine „menschliche Komponente" auf? Inwiefern?

Kapitel 5:

Marktdynamik entsteht durch professionelle Marktbeobachtung

Was Ihnen dieses Kapitel bietet

Wer eine Marketingstrategie entwickeln möchte, die zur Marktdynamik führt, muss zunächst einmal den Ist-Zustand feststellen und eine genaue Marktanalyse durchführen: „In welcher Branche sind wir tätig? Was eigentlich ist unser Geschäft und unsere Kernkompetenz? Welche Kernkompetenzen haben unsere Mitarbeiter?" Und vor allem: „Wer sind unsere Kunden?" Das sind die Hauptfragen, die sich durch eine detaillierte Marktbeobachtung beantworten lassen.

5.1 „Die Menschen brauchen keine Bohrer, sondern Löcher"

Peter F. Drucker, der bekannte Managementexperte, hat bei Unternehmen, die – oder deren Branche – in eine Krisensituation geraten waren, festgestellt, dass viele dieser Firmen nicht genau sagen können, in welchem „business" sie überhaupt tätig sind, also in welcher Branche. Drucker gilt als „Vater" von Konzepten wie das der Kernkompetenzen und des Management by Objectives. Die Frage, die er immer wieder stellte, lautete: „Was überhaupt ist dein Kerngeschäft?" („What business are you really in?"). Er bewegte die Menschen so, über ihr Kerngeschäft nachzudenken.

Der Unternehmensberater Werner Siegert bemerkt dazu in seinem Buch „Ziele – Wegweiser zum Erfolg": „Ein sehr erfolgreicher PKW-Hersteller erkannte, dass sein eigentliches ‚business' nicht im Produzieren von erstklassigen Personenwagen bestand (worin nämlich mehrere Wettbewerber mindestens ebenso kompetent waren), sondern als ‚Hersteller von Überlegenheitsgefühlen und Spitzen-Image'." Der PKW-Hersteller ging davon aus, dass der Alltag vieler Männer zu „Ohnmachtsgefühlen" führe, so dass sie sich danach sehnten, „in einer anderen Erlebniswelt ‚Machtgefühle', ‚Selbstwertgefühle', und ‚Überlegenheit' auszukosten – auf der Autobahn, im Straßenverkehr. Und der geparkte Wagen vor dem Wohnhaus kann dann zu einem Statussymbol werden. Die gesamte Verkaufspolitik und das Marketing wurde entsprechend ‚gestylt' – und eröffneten den Weg zu Spitzenleistungen."

Die erschreckende Feststellung Druckers beleuchtet die Notwendigkeit einer genauen internen und externen Unternehmensanalyse, in der Sie die Chancen und Möglichkeiten, die Risiken und Gefahren sowie die Stärken und Schwächen Ihres Unternehmens analysieren sollten. Und durch die angemessene Antwort auf die Frage nach Ihrem „business" erhalten Sie einen ersten Hinweis auf die Breite des Marktes oder der Märkte, in dem sich diejenigen potenziellen Kunden aufhalten, denen Sie eine Problemlösung und einen Nutzen anbieten können.

Zudem können Sie beschreiben, wer Ihre Wettbewerber sind. Im Falle eines Autoherstellers besteht die Konkurrenz nämlich nicht nur in den Wettbewerbern, die ebenfalls Autos herstellen. Denn wir brauchen weniger ein Auto, sondern vor allem Mobilität. Und damit sind die Bahn, das Flugzeug, ja, der Fahrradhersteller Konkurrenten des PKW-Herstellers.

Die fast schon klassische Frage, die diesen Aspekt sehr schön thematisiert, lautet: „Braucht der Kunde eine Bohrmaschine? Nein, er braucht Löcher." Und diese Antwort eröffnet dem Hersteller von Bohrern nicht nur einen Blick auf die Konkurrenz – auf die Risiken und Gefahren –, sondern zuallererst auf seine Chancen und Möglichkeiten. Denn die Tatsache, dass er nicht nur Kunden gewinnen, die Bohrer brauchen, sondern alle Menschen ansprechen kann und sollte, die „Löcher" benötigen, erweitern seine Zielgruppe und seinen Markt erheblich.

Nehmen Sie sich Zeit zum Nachdenken!

„What business are you really in?" – oder: In welcher Branche sind Sie eigentlich wirklich tätig?

_____

_____

Welchen Bedarf erfüllen Ihre Produkte und Dienstleistungen? (Achtung: nicht nur an den Bohrer, das Auto denken, sondern an das Ziel – die Löcher, die Mobilität!)

_____

_____

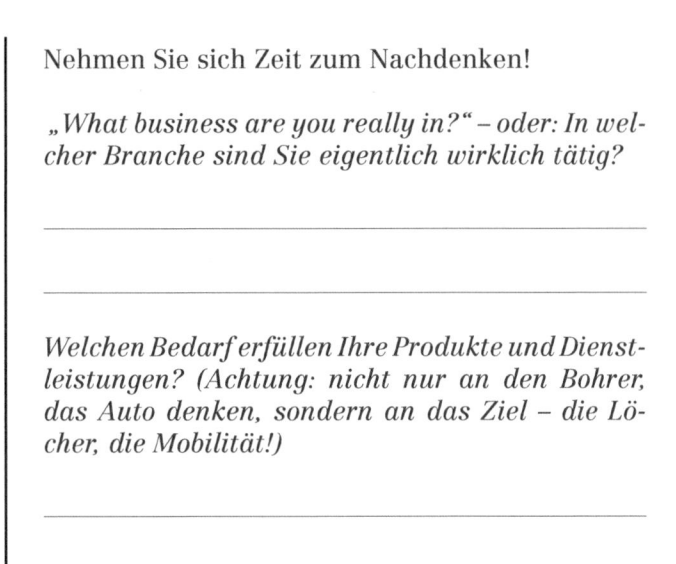

5.2 Veränderungen am Markt beachten und analysieren

Im Folgenden möchte ich Ihnen mehrere Bereiche vorstellen, die von permanenten Veränderungen geprägt sind – Entwicklungen, die Sie analysieren und deren Bedeutung für Ihr „business" Sie beachten müssen. Dabei geht es um die Umfeldanalyse, die Kunden- und Konsumentenanalyse, die Branchen- und Konkurrenzanalyse und um die interne Unternehmensanalyse. Bitte beachten Sie dabei, dass Sie die einzelnen Analysefelder in Ihrer Gesamtheit sehen müssen. Denn so gut wie immer hängen die Felder zusammen und beeinflussen sich gegenseitig. Erst die Gesamtschau ergibt ein klares Bild.
Diese Gesamtschau ist jedoch kaum von einem Einzelnen – also etwa von Ihnen, dem Unternehmer – zu leisten, zu komplex sind die Zusammen-

hänge selbst dann, wenn Sie „nur" ein kleines Unternehmen leiten. Deshalb empfiehlt es sich, eine Arbeitsgruppe zu bilden und sie zu beauftragen, eine stetige Marktbeobachtung und Marktanalyse vorzunehmen. Diese Arbeitsgruppe kann aus nur einigen wenigen Mitarbeitern bestehen – gegebenenfalls auch nur aus einem Mitarbeiter, dies hängt ganz von den Kapazitäten ab, die Sie für diese Aufgabe abstellen können. Natürlich ist es von Vorteil, wenn Sie als wichtigster Entscheidungsträger in dieser Arbeitsgruppe mitwirken oder sich zumindest laufend über die Beobachtungs- und Analyseergebnisse berichten lassen. So gewinnen Sie fundierte und gesicherte Erkenntnisse, die die Grundlage für Ihre unternehmerischen Entscheidungen bilden.

Die Umfeldanalyse

Um zu erkennen, ob das momentane aktuelle Leistungsprogramm Ihres Unternehmens den Wünschen, Bedürfnissen, Notwendigkeiten und dem Zeitgeist gerecht wird, ist es notwendig, die Veränderungen rechtzeitig zu erkennen, die in unserer Gesellschaft im Allgemeinen und in Ihrem „business", Ihrem Geschäftsbereich, im Besonderen von Bedeutung sind. Es geht also um eine Umfeldanalyse. Nur so haben Sie die Gewähr, dass Ihr Angebot gute Marktchancen hat. Wenn sich Bedürfnisse ändern, darf nicht erst gehandelt werden, wenn das am Umsatz spürbar ist. Wenn die Veränderungen günstig für Ihr Angebot sind, sollten Sie nicht erst reagieren, wenn Ihre Leistungen und deren Qualität nicht mehr ausreichen, um den Markt beliefern zu können. Ansonsten werden Kunden und mögliche Kunden mehr oder weniger gezwungen, sich beim Wettbewerb zu informieren.

Konkret bedeutet dies:
- Beobachten und analysieren Sie laufend die technologischen Entwicklungen und Veränderungen in Ihrem Umfeld und Ihrer Branche und die daraus entstehenden Auswirkungen auf Ihr Unternehmen.
- Beobachten und analysieren Sie laufend die gesellschaftlichen und politischen Entwicklungen und Veränderungen in Ihrem Umfeld und Ihrer Branche und die Auswirkungen auf Ihr Unternehmen. Dazu einige Beispiele: Wenn Sie in der Versicherungsbranche tätig sind, werden die politischen Entscheidungen zur Renten- und Gesundheitsreform für Sie von besonderer Bedeutung sein. Und die demoskopische Entwicklung in unserer Gesellschaft hat eventuell einen direkten Einfluss auf die langfristige Planung, in welchen Mengen und Stückzahlen Sie produzieren. Zudem beeinflussen Regelungen und Gesetze zum Umweltschutz (zum Beispiel Verpackungsordnung, Dosenpfand, Transport, Rohstoffe usw.) Ihr Umfeld.

Nehmen Sie sich Zeit zum Nachdenken!

Welche Risiken und Chancen ergeben sich aus der Umfeldanalyse für Sie und Ihr Unternehmen, zum Beispiel für den Nutzen, den Sie bieten wollen?

Die Kunden- und Konsumentenanalyse

„Wer sind Ihre Kunden?" Diese Frage steht im Mittelpunkt der Kundenanalyse. Mit Hilfe von mündlichen Kundenbefragungen und Fragebögen, die Sie an Ihre Kunden verschicken und verteilen, vor allem aber durch ein interessiertes

„offenes Ohr", durch das Sie in Gesprächen mit Kunden, Lieferanten und Mitarbeitern ein Gespür für Entwicklungen und Veränderungen am Markt erlangen, sensibilisieren Sie sich für „Ihre" Kunden. Ihre gesamte Informations- und Kommunikationspolitik – unter Nutzung aller technischen Möglichkeiten, aber auch und vor allem durch die persönliche Kontaktaufnahme mit dem Kunden – dient dann dazu, Informationen vom Kunden und über den Kunden zu erhalten.

Wichtig ist zudem, dass Sie sich über allgemeine Entwicklungstendenzen bezüglich des Kunden- und Konsumverhaltens auf dem Laufenden halten. Nach meiner Beobachtung sind dies vor allem folgende Punkte – die zum größten Teil schon Realität sind und einerseits Risiken bergen, aber andererseits enorme Chancen:

- Die Konsumenten sind und werden immer informierter, kritischer und „konsumerfahrener".
- Es werden erhöhte Anforderungen an die Zuverlässigkeit, die Qualität, die Sicherheit, das Design, die Lebensdauer der Produkte, die Umweltfreundlichkeit und die technologische Reife gestellt.
- Das Preisbewusstsein wird weiter steigen, jedoch in einer veränderten Preis-Qualitäts-Relation. Sie erwarten bei sinkenden Preisen gleichzeitig eine immer höhere Qualität.
- Die Polarisierungstendenzen von Produktangeboten setzen sich fort. Das heißt, Konsumenten streben in unterschiedlichen Warengruppen sowohl günstige, attraktive Preisangebote als auch gehobene Preisniveaus an.
- Das Markenbewusstsein von Konsumenten wird weiter steigen. Die Markenpolitik ermöglicht es den Konsumenten, auch weiterhin nach Qualitätsklassen zu differenzieren.
- Das emotionale Erleben spielt beim Konsum

eine immer größere Rolle. Konsumenten suchen im Konsumerlebnis nach Gefühlen, nach Wärme, Bindung und Menschlichkeit.
- Für viele Konsumenten wird im nächsten Jahrzehnt der Lebensstandard nicht mehr zu halten sein. Sie sind daher gezwungen, genauer zu kalkulieren und preisbewusster einzukaufen.
- In vielen Produktbereichen wird der Konsum durch die Haltung einer „demonstrativen Vernunft" geprägt sein, und zwar vor allem dann, wenn der Preis für den Kunden im Mittelpunkt steht.

Nehmen Sie sich Zeit zum Nachdenken!

Welche Risiken und Chancen ergeben sich aus der Kunden- und Konsumentenanalyse für Sie und Ihr Unternehmen, vor allem für den Nutzen, den Sie bieten wollen?

Die Branchen- und Konkurrenzanalyse

Grundvoraussetzung für die Entfesselung von Marktdynamik ist die genaue Analyse der Entwicklungen und Veränderungen in Ihrer Branche, insbesondere die Feststellung dessen, was die Konkurrenz „so treibt". Sie müssen feststellen, wer genau Ihre Wettbewerber sind, wie diese sich von Ihnen unterscheiden – und in welchen Punkten sie Ihnen ähneln – und welche Strategien die Konkurrenten verfolgen. Ebenso wichtig ist die Beantwortung der Frage nach Ihren potenziellen, also möglichen und zukünftigen Konkurrenten, wobei Sie selbstverständlich Ihre Hauptwettbewerber vordringlich im Auge behalten sollten. Deren Stärken und Schwächen sollten

Sie bei der Branchen- und Konkurrenzanalyse in den Vordergrund stellen.
Auch hier möchte ich Ihnen einige allgemeine Entwicklungstendenzen aufzeigen, die sich bereits deutlich abzeichnen und in Zukunft wohl verstärken dürften:

Allgemeine Marktentwicklungen
Stark wachsende Märkte werden sein:
· Der Nahrungs- und Genussmittelmarkt. Er wird sich sehr expansiv entwickeln.
· Der Automobilmarkt behält seine starke Stellung und wird hohe Zuwachsraten aufweisen. Die Autos werden umweltschonender, kraftstoffsparender und servicefreundlicher, leichter und leiser sein.
· Hohe Wachstumsraten wird es ebenso im Computermarkt geben.
Der Freizeitmarkt umfasst ein breites Spektrum von Branchen (Sport, Bildung, Touristik, Kommunikation) und kann mit hohen Zuwachsraten rechnen.
Im nächsten Jahrzehnt wird der Seniorenmarkt quantitativ und qualitativ an Bedeutung zunehmen und an Umsatz gewinnen. Dabei geht es weniger um „altersbedingte Produkte" wie Schonkost, Rheumadecken usw.; vielmehr ist zu erwarten, dass eine sehr positive und optimistische Alterskultur entstehen wird und deshalb Produkte und Dienstleistungen mit einem positiven psychologischen Nutzen angeboten werden (Reisen, Genussmittel, Textilien).
· Im Konsumgüterbereich, vor allem im Lebensmittelhandel, hat sich das Konfliktpotenzial zwischen Industrie und Handel in den letzten zwei Jahrzehnten erheblich vermehrt. So sind etwa seit Jahren konkurrierende Marktstrategien in Form von Markenartikeln, klassischen Handelsmarken und Gattungsmarken zu beo-

bachten. In Zukunft werden Markenstrategien mit Niedrigpreisstrategien der Einkaufsstätten kombiniert, was zu neuen Maßnahmen der preislichen Profilierung von Handelsunternehmen führen wird. Dies bedeutet hervorragende Ware zu außergewöhnlich niedrigen Preisen – der Lebensmitteldiscounter Aldi ist dafür ein Beispiel.

Entwicklungen im Handelsverhalten
· Die Konzentration im Handel nimmt weiter zu, wird sich aber in einiger Zeit beruhigt haben. In dieser Zeit wird man verstärkt nach Kooperationsmöglichkeiten und nach Chancen suchen, durch Allianzen und Fusionen zu wachsen.
· Der Preiswettbewerb zwischen den Handelsbetrieben bleibt weiterhin intensiv. Jede Betriebsform im Handel muss ihre besondere Leistungsfähigkeit durch attraktive Preise unter Beweis stellen.
· Handelsunternehmen werden in den nächsten Jahren verstärkt versuchen, beim Konsumenten neue Handelsmarken mit einem höheren Qualitätsanspruch zu positionieren.
· Die Polarisierung zwischen dem Fachhandel im Ortszentrum und dem Einkaufscenter wird weiterhin zunehmen. Der „Verlust der Mitte" droht nach wie vor in erster Linie Unternehmen, die über keine spezifische Wettbewerbsvorteile verfügen.
· In den nächsten Jahren entstehen zunehmend Dienstleistungszentren, die neben dem Einkauf auch Dienstleistungsangebote (Freizeit, Bildung, Unterhaltung, Sport und Gesundheit) anbieten.

Entwicklungen im Herstellerverhalten
- Die Konzentrationstendenzen setzen sich auch in der Industrie fort und werden sämtliche Branchen erfassen.
- Für die verschiedenen Branchen zeigen sich keine globalen Sättigungserscheinungen, denn der Nachholbedarf und die Substitution durch höherwertige Güter sorgen für eine Nachfragebelebung.
- Innerhalb der Branchen wird eine Polarisierung der Märkte in Hersteller von Billigprodukten und Hersteller von Qualitätsprodukten erfolgen.
- Die Intensität und Konsequenz der verfolgten Wettbewerbsstrategien nehmen zu. Anbieter ohne spezifische Wettbewerbsvorteile werden vom Markt gedrängt.

Nehmen Sie sich Zeit zum Nachdenken!

Welche Risiken und Chancen ergeben sich aus der Branchen- und Konkurrenzanalyse für Sie und Ihr Unternehmen, vor allem für den Nutzen, den Sie bieten wollen?

5.3 Unternehmensstärken und -schwächen

Die bisherigen Analysefelder betrafen die externe Unternehmensanalyse, also Felder aus dem Umfeld Ihres Unternehmens. Nun ist noch die interne Analyse zu leisten, also die Beobachtung der Entwicklungen in Ihrem Unternehmen selbst. Dabei geht es um die Stärken und Schwächen Ihrer Firma. In der Vergangenheit hat es eine Auseinandersetzung darum gegeben, ob es – zum Beispiel auf Mitarbeiterseite – wichtiger ist, eher an dem Ausbau der Stärken zu arbeiten oder daran, die Schwächen ins Visier zu nehmen, etwa im Rahmen der betrieblichen und außerbetrieblichen Weiterbildung. Ich bin der Meinung, dass nicht so einseitig gedacht werden darf; vielmehr kommt es darauf an, die vorhandenen Kompetenzen und Fähigkeiten auszubauen und die Schwächen abzustellen – beide Ziele sollten angestrebt werden. Allerdings ist dabei der Akzent auf das Stärkenmanagement zu legen. In meinem Buch „Unternehmer sein mit Körper, Geist und Seele" habe ich darauf hingewiesen, dass der Unternehmer alles dafür tun muss, seine Begabungen, seine Kompetenzen, seine Fähigkeiten und seine Talente so optimal wie möglich auszuschöpfen und zu entfalten. Und er sollte seinen Mitarbeitern dabei helfen, dies ebenfalls leisten zu können. Ich halte es mithin für enorm wichtig, die vorhandenen Potenziale zu stärken – und dabei die Schwächen nicht aus den Augen zu verlieren.

Bei der Unternehmensanalyse kommt es ebenfalls darauf an, die Kernstärken und die Kernschwächen zu analysieren, und zwar permanent, denn sie können sich verändern, sind sie doch immer im Kontext des Kundenbedarfs sowie der Stärken und Schwächen der Konkurrenten zu sehen. Sie sind zumeist relativ einzuschätzen: Stärken sind

Stärken im Vergleich zu den Schwächen der Wettbewerber, und Schwächen werden zu solchen, wenn der Hauptkonkurrent in diesem Bereich besonders stark ist. Hier erweist sich nochmals die Bedeutung des Hinweises, die einzelnen Analysefelder in ihren Zusammenhängen zu sehen und zu bewerten.

Bei der Analyse Ihrer Stärken und Schwächen sollten Sie die Punkte
- aktuelle und potenzielle Absatzmärkte,
- finanzielle Ausstattung und Kostensituation
- und Standort Ihres Unternehmens

beachten. Aus meiner Sicht sind es aber besonders die folgenden zwei Aspekte, die bei der Stärken- und Schwächenanalyse von hervorragender Bedeutung sind: die Produktanalyse und Produktpolitik sowie die „Qualität" der Menschen, die für Ihr Unternehmen tätig sind.

Produktanalyse und Produktpolitik

Bei der Produktanalyse – und damit sind immer zugleich die Dienstleistungen gemeint – sollten Sie sich die Brille des Kunden aufsetzen. Warum kauft er Ihr Produkt, welchen Nutzen verspricht er sich davon, welches konkrete Problem des Kunden löst es? Neben der „Wahrnehmungsbrille" des Kunden sind es allgemeine Entwicklungen, denen Sie Beachtung schenken sollten:
- Die Lebensdauer von Produkten nimmt ab. Die Anfälligkeit von Produkten und Marken durch die Ergebnisse wissenschaftlicher Untersuchungen und öffentlicher Diskussionen wird weiter zunehmen (etwa die Auseinandersetzungen in letzter Zeit über Produkte wie Nudeln, Wein, Haarwaschmittel, Muscheln, Fische etc.).

- Die Märkte für Kinder und Jugendliche werden sich erheblich reduzieren (etwa um 30 Prozent). Dies bedingt ebenso einen Rückgang der Nachfrage in den darauf folgenden Phasen des Lebenszyklus.
- Das Nutzenversprechen für die Konsumenten wird sich insgesamt verändern. Neben dem originären Produktnutzen werden sich die Anbieter in vielen Produktbereichen mit dem sozioökologischen Aspekt der Produkte aktiv auseinander setzen (zum Beispiel Auto, Heizungssysteme, Verpackungen, Nahrungs- und Genussmittel).
- Erfahrungsgemäß verändern sich alle drei bis fünf Jahren die Anforderungen an Produkte und Dienstleistungen, besonders in den Bereichen: Natürlichkeit und Gesundheit, Sicherheit und technologischer Fortschritt, Umweltverträglichkeit und Energiebewusstsein, Individualität und Selbstverwirklichung, Vereinfachung und Entlastung, soziale Verträglichkeit und „demonstrative Vernunft", Erlebnisorientierung und emotionale Ansprache.
- Darüber hinaus sind es die ökologischen Anforderungen, mit denen die zukünftigen produktpolitischen Entscheidungen konfrontiert werden. Das betrifft die Entwicklung umweltschonender und recyclinggerechter Produkte, die sparsame Verwendung von Rohstoffen bei der Herstellung von Produkten und Verpackungen, die Reduzierung der notwendigen Abfallmenge und Schaffung von Möglichkeiten zur Wieder- und Weiterverwendung der Abfälle, die Entwicklung von umweltbezogenen Service- und Beratungsleistungen durch Unternehmen (Umweltberater, spezielle Dienstleistungen). Der gesamte Markt für Umweltschutztechnik wird sich weiterhin sehr expansiv entwickeln.

- Die Auswirkungen auf Ihre Marketingentscheidungen in der Produktpolitik sind nach meiner Beobachtung folgendermaßen zu beschreiben:
- Die Produktpolitik hat in noch stärkerem Maße als bisher die Aufgabe, die Stagnationstendenzen in vielen Branchen zu überwinden und den Märkten Wachstumsimpulse zu verleihen.
- Das Anpassen der Produktpolitik an Marktveränderungen hat erheblich schneller zu erfolgen, da sich die Dynamik des Umweltwandels erhöht und sich die Reaktionszeit der Marktteilnehmer vermindert.
- Das Marketing und die Produktpolitik haben sich konsequent an den Kundenorientierungen auszurichten. Das schließt nicht aus, dass in bestimmten Marktsituationen die Wettbewerbs- und Technologiestrategien mit der Kundenorientierung abgestimmt werden.
- Die Produktpolitik muss bei der Entwicklung von neuen Problemlösungen zunehmend die Möglichkeit von internationalen Vermarktungschancen berücksichtigen.
- Produktpolitische Entscheidungen werden kostenbewusster als bisher beurteilt werden. Neben der kreativen Gestaltung neuer Produkt- und Dienstleistungsangebote werden sich die Verfahren der Wirtschaftlichkeitsrechnungen verfeinern und verstärkt angewandt werden.

Nehmen Sie sich Zeit zum Nachdenken!

Welche Konsequenzen ergeben sich aus der Produktanalyse für Ihre Produktpolitik?

Kompetenzanalyse der Mitarbeiter

Vor allem im zweiten Kapitel haben ich erläutert, dass sich Marktdynamik nur mit Hilfe engagierter und motivierter Mitarbeiter entfesseln lässt. Es liegt in Ihrer Verantwortung, Ihrem Personal immer wieder Motive zu bieten, die sie zu Höchstleistungen animieren. Zugleich sollten Sie in regelmäßigen Abständen den Stand der Kompetenz Ihrer Mitarbeiter analysieren, um frühzeitig feststellen und festlegen zu können, welche Kompetenzen ausgebaut, welche neu aufgebaut und welche Kernschwächen durch Aus- und Weiterbildungsmaßnahmen abgemildert oder sogar zu Stärken gemacht werden können.

Vielleicht heißt es auch bei Ihnen häufig: „Die Verkaufsabteilung muss unbedingt geschult werden. Schauen Sie, Herr Personalleiter, doch mal, in welchen Bereichen wir da etwas tun müssen". Dann geht es los mit dem Brainstorming: Welche Kompetenzen müssen die Mitarbeiter haben? Wie sind diese Kompetenzen bei ihnen ausgebildet? Wo gibt es Kompetenzlücken, wo besteht ein konkreter Weiterbildungsbedarf? Die Einschätzung, über welche Kompetenzen ein Mitarbeiter verfügen sollte und tatsächlich verfügt, bleibt dabei zumeist der Einschätzung des Vorgesetzten überlassen – und damit oft genug dem Zufall. Mittlerweile jedoch gibt es einige Ansätze, die die Kompetenzentwicklung und den zielgerichteten Kompetenzaufbau vom Zufallsprinzip befreien. Der Kompetenzexperte Rainer Behrendt hat ein Kompetenzmodell entwickelt, mit dem sich Mitarbeiter durch ein kompetenzorientiertes Management qualifizieren lassen.

Dabei wird der konkrete Weiterbildungsbedarf in den Unternehmen gemeinsam mit Unternehmensführung, Bereichs- und Abteilungsleitern sowie Personalentwicklern analysiert. Neben

Fragebögen und Tests kommt ein softwaregestütztes Analyseinstrument zum Einsatz. Dessen Grundlage sind zahlreiche Kompetenzprofile, die sich konkret an den jeweiligen Prozessen und Aufgabenstellungen der Mitarbeiter orientieren, zum Beispiel: „Der Abteilungsleiter Marketing muss über die folgenden fachlichen, methodischen, sozialen und persönlichen Kompetenzen verfügen: ..."

Dieses „Wunsch-Profil" legt Behrendt mit den Personalentwicklern fest, um dann festzustellen, wie es denn mit dem Ist-Zustand ausschaut. Er unterscheidet zwischen verschiedenen Ausprägungsgraden der einzelnen Kompetenzen: Die „Kompetenz Teamentwicklungsfähigkeit" etwa gibt es in den Ausprägungsgraden „Beginner, Könner, Spezialist, Profi". Diese Begriffe sind genau definiert und beschrieben: „Was heißt Könner in Teamentwicklungsfähigkeit bei dem Abteilungsleiter/Marketing genau?" So lässt sich eine Kompetenzlücke feststellen – und damit der konkrete Weiterbildungsbedarf. Die Kompetenzprofile bilden den Rahmen, in dem Mitarbeiter eigenverantwortlich gezielt Stärken ausbauen und Schwächen reduzieren. Durch den persönlichen und individuellen Kompetenzaufbau der Mitarbeiter lassen sich nachhaltige Erfolge erzielen. Denn der Auftrag „Die Verkaufsabteilung muss unbedingt geschult werden. Schauen Sie doch mal, in welchen Bereichen wir da etwas tun müssen" kann nun zielgerichtet und praxisorientiert erfüllt werden.

Nehmen Sie sich Zeit zum Nachdenken!

Welche Kompetenzen Ihrer Mitarbeiter müssen möglichst rasch auf- und ausgebaut werden?

Zum Abschluss dieses „analytischen" Kapitels bitte ich Sie, sich in Ruhe die folgenden Fragen vorzunehmen:

Nehmen Sie sich Zeit zum Nachdenken!

Welche „Lücken" bezüglich der Marktanalyse und der dargestellten Analysefelder gibt es in Ihrem Unternehmen?

_____

_____

_____

_____

_____

Welche Analysen müssen in naher Zukunft unbedingt erfolgen?

_____

_____

_____

_____

_____

_____

Was müssen Sie tun, um eine Arbeitsgruppe einzurichten, die professionell und effektiv eine permanente Marktbeobachtung und -analyse durchführen kann?

Welche der dargestellten allgemeinen Entwicklungstendenzen betreffen Ihr Leistungsangebot und Ihr Unternehmen – im negativen und im positiven Sinne? Und welche Konsequenzen müssen Sie daraus ziehen?

Kapitel 6:

Marktdynamik entsteht durch eine faszinierende Marktstrategie

Was Ihnen dieses Kapitel bietet

Die Ist-Analyse liefert das Material und die Information, auf deren Basis eine Marktstrategie entwickelt werden kann. Es gibt zahlreiche Strategiearten – angefangen von der Strategie der Preis- und Kostenführerschaft über Nischenbildungsstrategien bis zu den verschiedenen Differenzierungsstrategien. Unter dem Aspekt, dass eine Strategie dann am meisten Marktdynamik entfaltet, wenn sie durch Einzigartigkeit besticht und begeistert, stehen die Differenzierungsstrategien im Mittelpunkt, und zwar diejenigen, durch die es möglich ist, den Verstand und das Herz des Kunden gleichermaßen anzusprechen – gemäß des Satzes von Michael E. Porter: „Ein Unternehmen leistet nur dann mehr als seine Rivalen, wenn ihm eine dauerhafte Differenzierung gelingt."

6.1 Mit Differenzierung zur Faszination

Das Ziel der Differenzierung kann über mehrere Wege erreicht werden. Kerstin Friedrich, Autorin des Buches „Erfolgreich durch Spezialisierung", nennt die Differenzierung durch Spezialisierung das einfachste und wirkungsvollste Instrument zu mehr Marktmacht, weil sie zu überlegenen Problemlösungen für die Kunden führt. Sie spricht von drei Spezialisierungsrichtungen:
- die Primär-Spezialisierungen, das ist die besonders enge Spezialisierung auf ein Produkt oder wenige Produkte, ein spezielles Knowhow oder eine ganz besondere Dienstleistung.
- die Problem-Spezialisierung, hier löst ein Unternehmen ein ganz spezielles Problem seiner Zielgruppe,
- die Zielgruppen-Spezialisierung – das Unternehmen konzentriert aus sich auf eine genau definierte Zielgruppe.

Meiner Ansicht nach liegt der große Vorteil einer Spezialisierungsstrategie darin, mit ihr Kunden begeistern zu können und durch den Aspekt der Einzigartigkeit einen Nutzen zu bieten, den der Kunde nirgendwo sonst erhält – so ist eine eindeutige Differenzierung zum Wettbewerb möglich. Folgende Strategiearten und Strategieausrichtungen sind besonders gut geeignet, dem Wunsch nach Einzigartigkeit gerecht zu werden:
- *visionsorientierte Strategien*, bei denen der konkreten Strategie eine Vision vorgeschaltet ist. In meinem Buch „Unternehmer sein mit Körper, Geist und Seele" habe ich darauf hingewiesen, dass ein Unternehmer über eine Lebensvision und eine unternehmerische Vision verfügen sollte. Denn nur mit Hilfe einer Vision kann er sein Leben und seine Unternehmenstätigkeit auf einen Punkt fokussieren, an dem

sich alle seine Handlungen ausrichten. Eine Vision entwickelt schnell eine ungeheure Anziehungskraft, ist sinnstiftend und verdeutlicht dem Unternehmer und seinen Mitarbeitern, warum das, was sie tun, im Sinne der Erreichung der Unternehmensziele notwendig und sinnvoll ist. Der Mensch interessiert sich nicht nur für das „Was" und „Wie", sondern vor allem für das „Warum" – seines Lebens, seiner Handlungen, seiner beruflichen Tätigkeit. Dieses „Warum" kann ihm durch eine Vision beantwortet werden. Und darum sollte eine Vision die Grundlage gerade einer marktorientierten Differenzierungsstrategie darstellen.

- *menschenorientierte Strategien*, die nicht einen anonymem Markt in den Fokus der Strategie rücken, sondern vielmehr den Menschen als Individuum.
- *erlebnisorientierte Strategien*, die den Kunden bei seinen Gefühlen packen, den Einkauf zu einem unvergesslichen Erlebnis machen und durch Kreativität und Einfallsreichtum überzeugen. Das Kaufhaus, das eine Kooperation mit einem professionellen Unterhaltungskünstler eingeht, der in der Spielzeugabteilung als Clown auftritt und die Kinder und die Eltern erfreut, oder der Bäcker, der jede Woche seine Brötchen und Croissants nach länderspezifischen Themenwelten anbietet und eine „italienische Woche" und dann eine „französische Woche" veranstaltet, gehören zu den innovativen Unternehmen und Unternehmern, die sich immer wieder aufs Neue etwas einfallen lassen, um den Kauf zu einem Erlebnis zu machen.

Voraussetzung bei der Erlebnisstrategie ist die Bereitschaft, ausgetretene Pfade zu verlassen und unbekanntes Neuland zu betreten. Das ist selbst bei scheinbar unattraktiven und wenig spektakulären Produkten möglich: Wer etwa Nägel und Schrauben verkauft, besorgt sich ein Poster von Künstlern, die diese Materialien als Kunstobjekte nutzen, und bietet seinen Kunden an, mit ein paar Nägeln ein kleines Kunstwerk zu zimmern. Wichtig ist, das Produkt oder die Dienstleistung in einen ungewöhnlichen Zusammenhang zu stellen.

- *serviceorientierte Strategien*, die das übliche Maß überschreiten und zur Kundenbegeisterung führen. Dazu gehört der Service des Automechanikers, bei längeren, mehrtägigen Reparaturen durch die Kooperation mit einem Autoverleih dem Kunden anzubieten, direkt vor Ort, in der Werkstatt, Kontakt zu einer solchen Firma aufzunehmen. Serviceakzente sollten da gesetzt werden, wo der Kunde sie eigentlich nicht vermutet, so dass in ihm das Gefühl geweckt wird, eine Serviceleistung sei ganz speziell für ihn, den individuellen Kunden und sein Problem, entwickelt worden.
- *kundenbindungsorientierte Strategien*, die durch eine außergewöhnliche Idee den Kunden zum „lebenslangen Partner" machen. Im nordrhein-westfälischen Kürten, nordöstlich von Leverkusen, begeistert der Sanitär- und Heizungsfachmann Michael Montag seine Kunden durch eine ungewöhnliche Kundenbindungsidee: Jeder Kunde, der sich von Michael Montag morgens um acht Uhr die Heizung warten oder die Dusche verschönern lässt, erhält eine Tüte mit Brötchen und einem Croissant. Durch die nützliche Gabe haben sich die Acht-Uhr-Termine und die Anzahl begeisterter Kunden erheblich gesteigert – der Service des einfallsreichen Mittelständlers spricht sich herum. Kunden, für die feststeht: „Beim nächsten Sanitärproblem kommt mir nur der Montag ins Haus – I like Monday!" empfehlen ihn fleißig

weiter. Das heißt: Wer begeistern und sich differenzieren will, muss sich in Sachen Kundenbindung einiges einfallen lassen – 08/15-Aktionen helfen nicht weiter. Die Kundenkarte, der Newsletter, die Kundenzeitschrift, besondere Verkaufsveranstaltungen, kleine Preisrätsel, Kundengesprächskreise und -seminare – mit gutem Willen ist für jeden Geldbeutel Kundenbindung und damit die Aussicht auf die Mund-zu-Mund-Empfehlung möglich. Wichtig ist, mit dem Kunden in einen Dialog und ins Gespräch zu treten, denn die beste Kundenbindungsstrategie besteht in dem Aufbau eines persönlichen Verhältnisses zum Kunden.
- *innovationsorientierte Strategien*, die durch eine vollkommen neuartige Problemlösung überzeugen. Dabei muss nicht immer gleich das „Rad neu erfunden" werden – der Friseur, der jeden Monat unter dem Titel „der Haarschnitt des Monats" eine extravagante Frisur anbietet, kombiniert die erlebnisorientierte Strategie mit der innovationsorientierten und bietet seinen Kunden Außergewöhnliches.
- *bedarfsorientierte Strategien*, bei denen zunächst die Ermittlung des Problems, das der Kunde hat, im Vordergrund steht. Wichtig ist, den Bedarf hinter dem Bedarf zu erkennen.

Natürlich gehen die Strategiearten vielfach ineinander über: Wer für ein unvergessliches Einkaufserlebnis bietet, sorgt für Kundenbindung, ein Serviceangebot ist oft nur über eine Innovation möglich.

Gemeinsamer Nenner aber ist, dass eine Differenzierungsstrategie, die auf Spezialisierung setzt, stets auch die Gefühlsebene thematisiert.

„Fakten, Fakten, Fakten" – diese sprichwörtliche Forderung des Focus-Chefredakteurs Helmut Markwort darf nicht auf die Strategieentwicklung übertragen werden. Eine marktorientierte Strategie muss Hand und Fuß haben, muss den Menschen verstandesmäßig überzeugen – aber gleichzeitig dem Leitsatz „Gefühle sind Tatsachen" Rechnung tragen. Der Erfolg einer Strategieumsetzung ist nicht nur abhängig vom dem „Was", von der logischen Aussagekraft der strategischen Botschaft, sondern ebenso von dem „Wie", von der emotionalen Verpackung, ist abhängig von dem Grad, in dem es gelingt, die Kunden zu emotional Betroffenen zu machen und in ihnen „das Feuer der Begeisterung" und des inneren Beteiligtseins zu entfachen.

Übrigens: Die operative Umsetzung einer Differenzierungsstrategie kann nur gelingen, wenn die Mitarbeiter „mitziehen". Darum müssen sie von Ihnen von der Wirkungsmächtigkeit der Strategie überzeugt werden. Idealerweise gelingt es Ihnen, jenes „Flow-Erlebnis" zu erzeugen, von dem Mihaly Csikszentmihalyi, Professor für Psychologie an der University of Chicago, dann spricht, wenn sich zum Beispiel bei der Bewältigung einer komplexen Arbeitsaufgabe auf Seiten der Mitarbeiter ein Glücksgefühl jenseits des mit dem Verstand Nachvollziehbaren einstellt.

Nehmen Sie sich Zeit zum Nachdenken!

Spielt in Ihrer Strategie der Mensch als Individuum eine Rolle?

_____

_____

Wie kann es Ihnen gelingen, dass das Individuum in den Mittelpunkt Ihrer Strategie rückt?

_____

_____

_____

Differenzierung durch Markenentwicklung

Ich möchte nun noch auf einen Aspekt eingehen, der bei der Differenzierung und Spezialisierung eine wichtige Rolle spielt – es ist dies die Konzentration auf die Entwicklung einer Marke.
Lange Zeit war die Meinung verbreitet, die Marke sei tot, es lebe das No-Name-Produkt. Diese Auffassung war für mich nicht nachvollziehbar, und inzwischen hat sich bestätigt, dass die Marke wieder an Bedeutung gewinnt. Die renommierte Fachzeitschrift „acquisa" hat im März 2004 dargestellt, dass die Entwicklung einer Marke „als relevante Differenzierung am Markt" gerade für den Mittelstand einen gewichtigen „Wettbewerbsvorteil der Zukunft" darstelle. Sie sei „ein USP, ein Wettbewerbsvorteil, der das Unternehmen, seine Produkte und seine Identität klar von den Wettbewerbern unterscheidet – und zwar so, dass es auch am Markt wahrgenommen wird". Eine Marke ist mithin „das, was dem Unternehmen seine Persönlichkeit, seine Einzigartigkeit verleiht". Das ist zu unterstreichen, wobei sich bei der Markenentwicklung vieles geändert hat. Ist in früheren Zeiten die Marke durch ein ganz bestimmtes Produkt entstanden, erreicht man heute die Markenentwicklung hauptsächlich durch das Image und die Corporate Identity eines Unternehmens. Aldi ist nicht groß geworden durch Marken, die

es verkauft, sondern durch das Image, nur erstklassige Produkte zu führen, deren Namen selbst relativ selten eine Kaufentscheidung auslösen. Wenn überhaupt, dann erst nach Jahren. Aldi ist so durch dieses Image selbst zu einer Marke geworden. Ich möchte es so ausdrücken: „Bei Aldi kannst du alles kaufen, es ist immer Topqualität."

Betrachten wir die großen Marken und warum diese zu Kaufentscheidungen führen: BMW wirbt nicht mit einer PS-Zahl oder irgendeiner Aufhängung oder Achse – dies sind lediglich Informationen, die wichtig sind, aber nicht entscheidend. Die Kaufentscheidung wird durch das Image bedingt und ausgelöst, konkretisiert in dem Motto „Freude am Fahren." So eine Wirkung können Sie bei vielen Marken beobachten. Mercedes wirbt mit Sicherheit – und nicht mit Informationen zum zweifellos vorhandenen hohen technischen Standard. Siemens wirbt mit: „Wir gehören zur Familie". Gerade diese Werbung hat der Marke Siemens sehr genutzt.

Die Menschen kaufen Marken – das hat eine Untersuchung gezeigt, bei der die Marke bewusst nicht genannt wurde: Eine Automobilfirma bewarb zwei genau gleiche Wagen, eines davon wurde mit einem No-Name bezeichnet und war um vieles billiger, das andere mit einem Markenimage ausgestattet. Dann wurde eine Befragung durchgeführt – die überwältigende Mehrheit der Befragten entschied sich für das Markenauto!

Nun will ich auf gar keinen Fall meine eigenen Leistungen als Unternehmer mit diesen Marken in Verbindung bringen. Die Marke, die ich aufgebaut habe und die inzwischen sehr bekannt ist, kam nicht zustande durch Zielfindung, Führung, PR, ökonomische Führung, Controlling usw. – sondern durch den Imageaufbau in Verbindung mit meinem Namen. Man brachte mit dem Schmidt

Colleg eine bestimmte Exklusivität in Verbindung, und den Namen dessen, der dafür verantwortlich war. Geplant war dies nicht – aber der Markt entschied so und nicht anders.

Wenn man langfristig eine Marke aufbauen will, geht das also am besten über das Image. Dies hat folgende Konsequenzen für die Werbung:
- Die Produktwerbung ist zu vernachlässigen, die Imagewerbung zu favorisieren.
- Sachargumente sind nicht so relevant, wichtiger sind die soziomotivationalen Argumente.
- Hardselling ist zu vermeiden, unterhaltende Werbung zu bevorzugen.
- Schwer verständliche Werbung darf nicht sein, klar gestaltete und leicht verständliche Werbung, etwa in Form eines Markenzeichens, ist relevanter.
- Wichtiger als die Massenkommunikation ist die Zielgruppenwerbung.
- Werbung als Marketinginstrument Nr. 1 hat ausgedient, die Image- und Produktwerbung ist bedeutsamer.
- Macher in der Werbung werden von den innovativen Denkern überflügelt.

Nehmen Sie sich Zeit zum Nachdenken!

- *Welches Image streben Sie an?*
- *Falls Sie noch nicht über ein ausgeprägtes Image verfügen: Was verändert sich in Ihrem Unternehmen, wenn dieses Image erreicht ist?*
- *Wie heißt dann Ihre Marke?*
- *Was müssen Sie tun, um eine Marke zu entwickeln?*

6.2 Marktorientierte Unternehmensführung durch Zielbewusstsein

Die Erarbeitung einer faszinierenden Marktstrategie kann gelingen, wenn Sie Ihr Unternehmen marktorientiert führen. Dazu müssen Ihre Mitarbeiter wissen, dass die Leistungen eines Unternehmens – und damit auch ihre Leistungen – am und vom Markt bewertet werden. Der Markt ist der eigentliche und „oberste Chef", und der Kunde ist der eigentliche „Gehaltszahler". Mitarbeiter, die ihre Kunden wie Bittsteller behandeln – und das kommt leider noch viel zu häufig vor –, verkennen diese Tatsache gröblich und auf eine unverzeihliche Weise.

Selbstverständlich werden im Unternehmen die Normen, vor allem die Ziele und Strategien, gemeinsam erarbeitet und vergeben. Das operative Controlling misst zudem die Ergebnisse und ob Erfolge daraus entstehen oder nicht entstehen. Aber letztendlich es ist immer der Markt, und damit der Kunde, der über Erfolg und Misserfolg entscheidet.

Wenn alle Menschen im Unternehmen in die Verantwortung für den Markt einbezogen werden, ist es möglich, dass alle auch verantwortlich mitwirken wollen – und können. Diese Verantwortlichkeit muss bei jedem Mitarbeiter in der Aufgabenplanung festgeschrieben werden, damit über deren Einbindung in die Unternehmensprozesse eine Identifikation mit dem Unternehmen erreicht werden kann. Wenn Sie als Unternehmer und Ihre Führungskräfte es schaffen, dass sich die Mitarbeiter stärker mit dem Unternehmen identifizieren, werden sie automatisch eine höhere Produktivität erreichen, und dies ohne Druck. Der Jesuitenpater Dr. Albert Ziegler aus Zürich drückt das so aus: „Wir üben Macht auf Menschen nicht aus, um uns ihrer zu bemächtigen, sondern

um sie zu einem Tun zu ermächtigen, durch dessen Vollzug sie ihrer selber mächtig werden." Ich finde diese Definition brillant!
Eine marktorientierte Strategie führt zu Zielformulierungen, die strikt auf den Markt, auf die Kunden ausgerichtet sind. Oder anders ausgedrückt: Marktorientierung führt zu Zielorientierung. Dabei kommt es nicht so sehr auf die Quantität der Ziele an, es geht nicht darum, in einem ausufernden Zielfetischismus ellenlange Listen mit Zielen zu formulieren. Wichtiger ist die Qualität der Ziele – und in diesem Zusammenhang müssen Sie sich fragen, ob Ihre Ziele folgende Anforderungen erfüllen:

Nehmen Sie sich Zeit zum Nachdenken!

Werden Ihre Ziele der philosophischen Ethik gerecht?

Sind Ihre Ziel so faszinierend, dass sich Kunden und Mitarbeiter dafür begeistern können?

Sind Ihre Ziele volkswirtschaftlich sinnvoll?

Sind Ihre Ziele erreichbar?

Stellen Ihre Ziele eine Basis für unternehmerische Dynamik dar?

Werden Ihre Ziele der philosophischen Ethik gerecht?
Zunächst einmal muss zwischen lang-, mittel- und kurzfristigen Unternehmenszielen unterschieden werden. In der genauen Beschreibung dieser Ziele wird auch die Zukunft des Unternehmens festgelegt. Es steht außer Zweifel: Die Qualität unserer Ziele bestimmt die Qualität unserer Zukunft. Was aber sind gute und richtige Ziele? Nun, schlechte Ziele sind egoistische Ziele oder egozentrische Ziele, die allein den eigenen Nutzen berücksichtigen. Gute und richtige Ziele sind immer solche, mit denen wir den Menschen und ihrer Umwelt dienen. In der Beschreibung dieser Ziele geht es in erster Linie um Wahrheit, denn die beste Strategie ist und bleibt diejenige, in der Werte wie Wahrheit, Ehrlichkeit und Aufrichtigkeit Berücksichtigung finden. Bei allem, was ich bisher an Erfolgs- und Unternehmensstrategien angeboten habe, ob in Seminaren oder in Büchern, stellt die philosophische Ethik die Grundlage dar – ich habe sie bereits definiert, möchte aber nun wiederholen, was darunter zu verstehen ist: „Ich bin als Mensch der Mittelpunkt meiner (nicht der) Welt, wohl wissend, dass das für jeden anderen Menschen auch gilt. Dem anderen Menschen dabei zu dienen, Mittelpunkt seiner Welt sein zu können, ist die Grundlage des persönlichen und wirtschaftlichen Erfolgs, die Grundlage der Betriebswirtschaftslehre, aber auch die Grundlage des Sinnfindung."

Sind Ihre Ziele so faszinierend, dass sich Mitarbeiter und Kunden dafür begeistern können?
Vielleicht fragen Sie, warum ich hier die Mitarbeiter zuerst nenne – noch vor den Kunden. Ich tue dies, weil es die Mitarbeiter sind, die diese Ziele in Form ihrer Leistungen in den Markt hineintragen müssen, und zwar gut, schnell und freundlich

im Umgang mit dem Kunden. Darum liegt es in der unternehmerischen Verantwortung, den Mitarbeitern täglich ein freudiges Motiv zu bieten, an diesen Zielen mitzuwirken.

Aufgabe des Managements und der Führungskräfte ist es, die notwendigen Voraussetzungen dafür zu schaffen, dass Mitarbeiter im Unternehmen Bestleistungen erbringen wollen, auf die sie stolz sein können.

Und nun zum Kunden: Selbstverständlich muss auch er sich für Ihre Ziele begeistern können, und dies gelingt – ich habe es bereits ausgeführt –, wenn Ihre Ziele dazu beitragen, seine Probleme zu lösen, und zwar qualitativ besser, als dies dem Wettbewerb möglich ist.

Sind Ihre Ziele volkswirtschaftlich sinnvoll?
Der Sinn der unternehmerischen Tätigkeit besteht auch darin, den Menschen Arbeit zu geben. Wir wollen Aufgaben verteilen, Verantwortung übertragen und Sinn bieten. Wenn unser Streben nach Marktdynamik Erfolg hat, werden wir gute Umsätze und gute Gewinne erreichen. Nur mit Gewinnen sichern wir auch die Wettbewerbsfähigkeit und die Sicherheit unseres Unternehmens. Volkswirtschaftlich gesehen kann es nicht sinnvoll sein, wenn nur einige wenige Unternehmen genügend Umsätze und Gewinne erzielen. Der Volkswirtschaft geht es dann gut, wenn es vielen Unternehmen und somit vielen Menschen blendend geht. Nur wenn alle unseren Kunden zufrieden sind, geht es auch den Zulieferern gut, ja selbst dem Wettbewerb – denn nur in einer gewinnorientierten Wirtschaft kann es einen gesunden Wettbewerb geben. Und dann entsteht eine

Situation, die möglichst vielen Teilnehmern am wirtschaftlichen Geschehen Vorteile bringt. In einem ruinösen Wettbewerb verlieren fast immer alle, auch der Staat. Die Steuern sind nun einmal Basis für die Existenz eines Staates. Somit ist das unternehmerische Ziel, Gewinn zu erreichen, auch im Interesse der Allgemeinheit. Unternehmerische Ziele müssen also auch unter diesem Aspekt hinterfragt werden.

Sind Ihre Ziele erreichbar?
Hier muss wieder unterschieden werden: Die kurzfristigen Ziele, die sich zumeist eng auf das operative Geschäft beziehen, müssen selbstverständlich erreicht werden, denn im kurzfristigen Jahreszielplan sind Zahlen, Fakten und Verantwortlichkeiten festgelegt, die für das Unternehmen überlebenswichtig sind. Das betrifft insbesondere die Bereiche Marketing, Umsatz/Gewinn und Personalpolitik.
Die mittelfristigen Unternehmensziele – die etwa einen Zeitraum von drei bis sieben Jahren umfassen – müssen zwar zum einen die Basis sein für den Jahreszielplan. Andererseits aber sind sie auf das langfristige Unternehmensziel ausgerichtet und müssen daher auf aktuelle Veränderungen Rücksicht nehmen. Deshalb sind hier Anpassungen notwendig. Dann kann man aber nicht davon sprechen, dass Ziele nicht erreicht wurden – sie mussten jedoch aktualisiert werden. Trotzdem ist natürlich grundsätzlich die Erreichung der mittelfristigen Ziele anzustreben, ja, es ist wünschenswert, die kurz- und mittelfristigen Unternehmensziele nicht nur zu erreichen, sondern sogar zu übertreffen: Dies würde die Richtigkeit der Vision bestätigen.
Denn diese Vision ist zugleich das langfristige Unternehmensziel. Es kann sein, dass die Vision die Mitglieder des Managements „überdauert", also

auch dann Fortbestand hat, wenn diese längst aus dem Unternehmen ausgeschieden sind. Zumeist umfasst das langfristige Unternehmensziel zeitlose Werte wie Anständigkeit, Fairness, Zuverlässigkeit und das nie endende Streben, Probleme zu lösen und Bedürfnisse zu befriedigen. Von daher kann von einer „Erreichbarkeit" im üblichen Sinne keine Rede sein – vielmehr ist das Streben nach der Verwirklichung der Vision ein nie endender Prozess. So lautet die alles entscheidende Frage, auf die es immer eine gute Antwort geben muss:

Welche Werte und welche Leistungen bieten wir jetzt und in der Zukunft zum Vorteil unserer Kunden und ihrer Umwelt an?

Es muss aber auch die Frage beantwortet werden: Entspricht dies unserer Kernkompetenz? Die ehrliche Beantwortung dieser Fragen bildet immer auch die Grundlage für die Weiterbildungsstrategie sowie die gesamte Personalpolitik.

Stellen Ihre Ziele eine Basis für unternehmerische Dynamik dar?
Wenn alle unternehmerischen Aktivitäten, die hier aufgezeigt wurden, immer zur Entfaltung gelangen, wenn die Ziele permanent entwickelt und den neuen Veränderungen angepasst werden, entsteht diejenige Dynamik im Unternehmen, die ich Marktdynamik nenne. Dann wird etwas in Bewegung gesetzt – eine Energie beginnt zu fließen, und die Kraft etwas vollenden zu wollen, wird Wirklichkeit. Sie müssen prüfen, ob Ihre Ziele dazu beitragen, diese Kraft zu entfesseln.

Wenn Sie Ihre Ziele in dem beschriebenen Sinne überdenken und strukturieren, sind sie geeignet, Sie bei der Entwicklung einer marktorientierten Strategie zu unterstützen, denn sie sind dann ethisch und ökonomisch begründet und kundenorientiert ausgerichtet.

Nehmen Sie sich Zeit zum Nachdenken!

Werden Ihre Ziele der philosophischen Ethik gerecht?

_____

_____

Sind Ihre Ziele so faszinierend, dass sich Kunden und Mitarbeiter dafür begeistern können?

_____

_____

Sind Ihre Ziele volkswirtschaftlich sinnvoll?

_____

_____

Sind Ihre Ziele erreichbar?

_____

_____

_____

Stellen Ihre Ziele eine Basis für unternehmerische Dynamik dar?

Zum Schluss dieses Kapitels bitte ich Sie wieder einmal, sich Gedanken zu ein paar Fragen zu machen. Ihre Beantwortung wird Sie auf dem Weg zur Entwicklung einer faszinierenden und begeisternden Marktstrategie unterstützen. Beantworten Sie die Fragen zunächst einmal alleine. Danach beziehen Sie Ihr Team ein. Beachten Sie die Unterschiede, die bei der Beantwortung durch Ihr Team und Sie zutage treten, und fragen Sie sich, welche Konsequenzen Sie daraus ziehen müssen.

Nehmen Sie sich Zeit zum Nachdenken!

Ist es in Ihrem Unternehmen möglich, eine der genannten Spezialisierungs- und Differenzierungsstrategien anzuwenden?

Welche Auswirkungen haben die Veränderungen im Lebensstil der Menschen, die volkswirtschaftlichen Rahmenbedingungen und die politischen Entscheidungen auf Ihre Marktstrategie?

_____

_____

_____

Welches Image soll Ihr Unternehmen in zehn Jahren haben?

_____

_____

_____

Welche Bedeutung hat die Marke und die Markenentwicklung für Ihr Unternehmen?
Was tun Sie, um die Bedeutung der Marke zu verbessern?

_____

_____

_____

_____

Kapitel 7:

Marketing als kundenrelevante Inszenierung

Was Ihnen dieses Kapitel bietet

Alle bisherigen Ausführungen zu „Marktdynamik" stehen in einem engen Zusammenhang zum Thema Marketing. Denn nach Peter F. Drucker heißt Marketing, „die Welt von der Seite des Kunden zu sehen". Und damit ist Marketing die Summe aller Maßnahmen, die in dem Markt, den man bedienen will, zu dauerhaftem unternehmerischen Erfolg führen – und zu echter Marktsouveränität. Das ist die Marketingphilosophie, die aber natürlich in konkrete Marketingaktivitäten umgesetzt werden muss. In diesem Kapitel geht es daher um die geeignete Bühne, auf der Sie Ihren Marktauftritt in Szene setzen.

7.1 Marketing bedeutet immer Marketingkommunikation

Der Begriff „Marketing" stammt aus dem Amerikanischen, es gibt ihn aber schon relativ lange in Europa. Immer wieder ist versucht worden, ihn „einzudeutschen", was bisher jedoch nicht gelungen ist. Das mag auch daran liegen, dass es so viele unterschiedliche Auslegungen des Begriffs gibt. So sind viele der Meinung, Marketing sei Werbung. Das ist insofern falsch, als dass Marketing mehr ist als Werbung in Zeitung, Radio, Fernsehen und auf Plakaten. Richtig wird es dann, wenn Sie akzeptieren, dass alles, was Sie tun und denken, letztendlich „wirkt" – und zwar werbewirksam wirkt, ob dies nun Ihre Unternehmensziele, Ihre Führungsgrundsätze, das Erscheinungsbild Ihrer Firma oder Ihr Image oder Ihre Public Relations betrifft. Denn Marketing ist die Summe aller Maßnahmen, mit denen Sie Kunden auf den Märkten von Ihren Leistungen zu überzeugen versuchen. Besonders gut geeignet sind Maßnahmen, die Sie in den Augen der Kunden einzigartig erscheinen lassen, denn durch diese Einzigartigkeit vergisst der Kunde Sie und Ihre Leistungen nicht so schnell – vielleicht nie wieder. Und indem Sie darin immer besser werden und Ihre Anstrengungen permanent optimieren, entsteht ein dynamisches Marketing, also Marktdynamik.

Die Banane macht den Unterschied

Das klingt noch sehr abstrakt – eine Geschichte aus dem Buch „Spitzenleistungen im Handwerk – der direkte Weg zum Erfolg" von Rolf und Udo Steffen verdeutlicht meine Marketing-Definition: „Wir, die Bewohner im Dreiländereck Deutschland, Belgien und Niederlande, besuchen am

Wochenende gerne den Markt im nahegelegenen holländischen Kerkrade. Bei diesem Anlass wird einem die Bedeutung guten Marketings deutlich vor Augen geführt. Steht man am Obststand und verlangt ein Kilo Apfelsinen, dann legt der Obsthändler das Gewicht auf die Waagschale und beginnt die andre Waagschale mit Apfelsinen zu füllen, bis sich die beiden Schalen irgendwann auf einer Höhe befinden. Und jetzt kommt der Moment, der den Unterschied macht: Der deutsche Obsthändler legt – wenn der Kunde noch zögert – eine weitere Apfelsine in die Waagschale, der holländische Obsthändler legt eine Banane auf das Kilo Apfelsinen. Der ‚Mehrwert' ist damit deutlich sichtbar. Anders ist es bei der zusätzlichen Apfelsine. Nun werden Sie vielleicht sagen: ‚Hauptsache, er hat noch etwas obenauf gelegt – was das ist, ist doch gleichgültig.' Ist das wirklich so? In dieser Situation, in diesem Augenblick vielleicht, aber was passiert, wenn Sie zwei Stunden später mit Ihren Einkäufen nach Hause kommen und beginnen, den Inhalt Ihres Einkaufkorbes in die Obstschale zu füllen? Fällt Ihnen dann die zusätzliche Apfelsine oder etwa die Banane ins Auge? Klar, es ist die Banane."
Das IST Marketing! Und die Geschichte zeigt: Sie müssen nicht viel besser sein als Ihre Mitbewerber – nur ein klein wenig.

Ein Funken Einzigartigkeit, Außergewöhnlichkeit und kundenorientierter Kreativität hebt Sie bereits von allen anderen Konkurrenten ab und verankert Sie dauerhaft im Gedächtnis der Kunden.

Und nebenbei sorgen Sie dafür, dass Sie einen lukrativen Werbevertrag abschließen. Denn mit Sicherheit wird jener Kunde, der die Banane als

Mehrwert erhalten hat, diese Geschichte, die ihm einen kundenrelevanten, wahrnehmbaren und einzigartigen Nutzen gebracht hat, weitererzählen – bei Bekannten, in seinem Freundeskreis, auf der Arbeit: alles potenzielle Kunden des Obsthändlers, der es versteht, sich durch eine kleine Marketingaktion ein Alleinstellungsmerkmal zu verschaffen. Und dies auch, weil die Aktion mit einem Gefühl verknüpft ist: Der Kunde freut sich über das zusätzliche Obst – vor allem aber spürt er: Ich bin wichtig für diesen Obsthändler, er macht sich Gedanken darum, wie er mir – der ja eigentlich nur Apfelsinen kaufen wollte – einen Zusatznutzen bieten kann.

Wichtig ist zudem, jene Einzigartigkeit und Alleinstellung als Marketingphilosophie in Ihr tägliches unternehmerisches Tun einzubeziehen, es zu einem festen Bestandteil zu machen. Denn so sind Sie in der Lage, an der Gestaltung des Marktes mitzuwirken – und Märkte zu „machen". Auch dazu ein Beispiel: In einem Interview mit einem Mitarbeiter der Firma Triumph Miederwaren erzählte dieser von den Marketingbemühungen des Unternehmens in Japan. Von einer Recherche bezüglich des japanischen Wäschemarktes kamen die Marketing-Scouts mit dem Fazit zurück: Dort haben wir kaum Chance, denn die Asiatinnen haben keinen Busen! Doch anstatt aufzugeben, folgerte Triumph: Dann machen wir ihnen welche – und so entstand der Push-Up-BH.

Erfahrung, Kreativität und Fantasie

Sicherlich ist es notwendig, über Direktmarketing, Mailingaktionen, Verkaufsförderungsprogramme und Public Relation Bescheid zu wissen, will man eine Marketingkonzeption ausarbeiten. Dabei helfen auch zahlreiche Bücher. Ich möchte aber

hier einen anderen, tiefer gehenden Schwerpunkt setzen und Sie fragen: Wie nur ist der Obsthändler darauf gekommen, jenem Kunden eine Extra-Banane dazu zu geben? Kannte er vielleicht die Statistik einer neuen Kundenumfrage? Hatte er durch ein Call-Center die Bedürfnisse der Kunden abgefragt? Vielleicht. Ich vermute aber, dass er eher drei Dinge besaß, die er nicht auf der Schulbank der grauen Theorie, sondern auf der grünen Wiese der Lebenspraxis erworben hat, nämlich Erfahrung, Kreativität und Fantasie.
Erfahrung ist das einzige Wissen, das man nicht lernen, sondern nur erleben kann. Der Obsthändler hatte im Laufe seiner Verkaufsaktivitäten die Erfahrung gemacht, dass nicht die x-te Apfelsine mehr den Ausschlag gibt, sondern die ungewöhnliche Aktion, dem Kunden eine „Zusatz-Banane" zu schenken.
Und nun zur Kreativität, die, so glaube ich, zwar auch nicht erlernt, aber doch trainiert werden kann. Dazu möchte ich eine kleine Geschichte erzählen:

Sven, ein Student, wollte sich in den Semesterferien etwas Geld dazu verdienen. Als er überlegte, womit er möglichst viel verdienen könnte, hörte er von der Möglichkeit, in Kanada als Holzfäller zu arbeiten. Kurz entschlossen buchte Sven einen Flug, setzte sich in die Maschine und flog nach Kanada.
Im Holzhauercamp angekommen, stellte er sich dem Vorarbeiter vor. Dieser schaute ihn an und sagte: „Sven, du bist unser Mann", denn Sven war ein kräftiger Bursche. „Halt", sagte da Sven, „so schnell geht das nicht. Sag mir erst einmal, was ich bei euch verdiene." Der Vorarbeiter antwortete: „Du bekommst pro gefällten Baum 100 Kanadische Dollar, also fang gleich an." „Halt", sagte Sven abermals. „Wie viele Bäume fällt man

denn pro Tag?" Auch diese Frage konnte der Vorarbeiter beantworten, denn durchschnittlich fällt ein kräftiger Holzhauer fünf Bäume am Tag. Nun rechnete Sven: Fünf Bäume mal 100 Dollar, das wären 500 Dollar pro Tag, mal vier Wochen ergibt das 14.000 Dollar. „Tolle Sache", dachte er. „Dafür werde ich auch hart arbeiten."
Sven sagte zu, bezog sein Quartier und stand am nächsten Morgen ausgeruht und bei strahlendem Sonnenschein auf. Sven erhielt eine Axt. Man teilte ihm die Bäume zu, und los ging's. Sven spuckte in die Hände. Er schlug einen Baum nach dem anderen. Er arbeitete wirklich hart. Als es Abend war, hatte Sven tatsächlich fünf Bäume gefällt. Stolz ging er ins Camp zurück und rechnete nochmals nach. Fünf Bäume mal 100 Dollar mal vier Wochen. Mit einem zufriedenen Lächeln legte er sich schlafen. Der nächste Tag begann. Sven kam aus seiner Hütte, die Sonne lachte, er nahm die Axt und begab sich wieder in sein Arbeitsrevier. Er schlug kräftig zu und arbeitete hart wie am Vortag. Doch abends hatte er nur vier Bäume gefällt. „Seltsam", dachte er, „dabei habe ich ebenso hart gearbeitet wie gestern. Na ja, vielleicht bin ich noch etwas verspannt von gestern, aber das wird sich ändern." Er ging wieder ins Camp und ruhte sich aus. Am nächsten Morgen stand er pünktlich in seinem Gebiet, schlug aufs Neue Baum für Baum. Doch es lief nicht wie erwartet. Trotz doppelter Anstrengungen hatte Sven am Ende des Tages lediglich drei Bäume gefällt. Etwas deprimiert fragte er seinen Kollegen: „Sag mir doch, was mache ich falsch? Ich arbeite wie wild, ich gehe voller Engagement an die Arbeit, spucke in die Hände und arbeite jeden Tag mehr als am Tag zuvor – und dennoch fälle ich mit jedem Tag weniger Bäume. Ich brauche aber das Geld. Kannst du mir einen Rat geben? Was mache ich nur falsch?" Doch der Kollege wusste auch

keinen Rat. Er hatte aber gehört, dass es weit entfernt in den Bergen einen alten, weisen Holzfäller geben sollte, der sich in allem auskennen würde, was mit dem Baumfällen zusammenhängt. Ein uralter Holzfällerrecke mit dem Namen Jack, der auf alle Fragen Antworten wüsste. Als Sven dies hörte, machte er sich auf den Weg, um den Alten aufzusuchen und ihn um Rat zu fragen. Nach einem anstrengenden Tagesmarsch traf er bei dem alten Jack ein. Müde und erschöpft setzte er sich hin und klagte sein Leid.

Er erzählte: „Ich arbeite wie ein Stier, immer mehr und dennoch: Je mehr ich arbeite, desto weniger Bäume fälle ich. Kannst du mir sagen, was ich falsch mache?" Jack hörte aufmerksam zu und nach langem Überlegen fragte er: „Sag mir, Sven, wann hast du denn das letzte Mal deine Axt geschärft?"

Nun werden Sie natürlich die Frage stellen, was diese Geschichte mit Marketing zu tun hat. Ich meine, sehr viel. Sie zeigt, dass Kraft und Fleiß alleine nicht ausreichen. So wie man beim Holzfällen die Axt ab und zu schärfen muss, um Erfolg zu haben, müssen wir auch immer wieder unseren Geist schärfen, die mentalen und vitalen Kraftreserven mobilisieren, um so unsere Kreativität und das kreative Denken zu optimieren und der Fantasie den Spielraum zu geben, den sie zur Entfaltung benötigt. Das ist schwer, zumindest schwerer, als die AIDA-Formel für gelungene Werbebriefe zu erlernen. Aber es sollte Ihr Ziel sein, dass Ihre Mitarbeiter und Sie den Markt mit kreativen „Bananen"-Marketingaktionen erschließen und den Kunden begeistern können.

Märkte und Konsumwünsche wird es immer geben, wenngleich mit anderen neuen Produkten, Dienst- und Geistleistungen. Es gibt in diesem Bereich keinen Stillstand, nur Pausen. Deshalb ist

die Fantasie so enorm wichtig, damit man offen und flexibel ist, diese Entwicklungen frühzeitig erkennen und auf sie zu reagieren – oder sie gar vorweg zu nehmen.
Besonders wichtig dabei ist, dass Sie der Fantasie selbst keine Grenzen setzen. Leider wird sie jedoch in vielen Unternehmen durch grenzenlose Vorschriften blockiert. Wie viele kreative Unternehmensideen sind schon gescheitert, weil ein wichtiges Papier fehlte oder die Mühlsteine der Bürokratie so langsam mahlten.
Es gibt immer noch Menschen, die Fantasie als etwas Unrealistisches und Lächerliches abtun. Aber Fantasie ist ein sehr wertvolles Geschenk, weil durch sie ein Leben zahllose andere Leben erlebt. Alles, was wir als Teil unseres Lebens ansehen, war einmal pure Fantasie. Heute haben wir Autos, Flugzeuge, Elektrizität, Computer, Gen- und Biotechnik. Unsere Vorfahren hätten all diese Dinge als Ausgeburten unserer Fantasie abgetan. Aber: Ohne Vorstellungskraft ist Wissenschaft nicht möglich; jede Erfindung ist das Ergebnis der Fantasie eines Menschen, der das Undenkbare zu denken gewagt hat.

Fantasie ist für mich die Vorstellungskraft, aus der alles Wissen entspringt.

Wer sich in seinem momentanen Leistungsangebot unangreifbar glaubt, ist eventuell schon jetzt verloren – weil er zu wenig Fantasie hat, sich vorzustellen, dass sein Angebot einmal nicht mehr gebraucht wird und die Menschen andere Bedürfnisse und Wünsche haben. Das ist übrigens auch die große Gefahr, die in Boomzeiten droht, denn dann liegt die Fantasie auf Eis: Alles funktioniert prima – warum sich also Gedanken machen für den Fall, dass es einmal eine Rezession gibt? Die größten Fehler werden dann gemacht, wenn es dem Unternehmen gut geht; der Keim, aus dem die Krise erwächst, wird in den Hoch-Zeiten kräftig gedüngt.

7.2 Der Unternehmer als Dramaturg seines Marktauftritts

Man hat den Eindruck, es fehlten in unseren Unternehmen und auf den politischen Bühnen, vielleicht sogar auf den Weltbühnen, die entsprechenden Intendanten und Dramaturgen, die in der Lage sind, ein Theater, eine Oper, eine Operette, ein Musical zu inszenieren, so dass die Menschen in großen Massen dazu begeistert werden, zu den Aufführungen zu gehen – also zu konsumieren. Wie aber kann es gelingen, dass Sie als Unternehmer auf der großen Bühne des Marktes Ihre Kompetenz und die Ihres Unternehmens inszenieren können – und zwar mit dem Erfolg, den der einfallsreiche und kreative Obsthändler erzielt hat, der sich für sein „Theaterstück Obstverkauf" etwas hat einfallen lassen, das seine „Zuschauer", die Kunden, nachhaltig begeisterte?
Einer der weltweit berühmtesten Intendanten und Dramaturgen war wohl William Shakespeare. Er war zugleich ein Mensch mit einer gewaltigen Fantasie. Von ihm stammt die Aussage: „Die ganze Welt ist eine Bühne, auf der wir Menschen nichts als Spieler sind." Shakespeare verstand es, durch seine Theaterstücke zu begeistern – aber auch durch sein Bühnenbild und sein dramaturgisches Geschick die Zuschauer in den Bann zu ziehen. Wer Ihre Kunden sind, haben Sie bereits in Kapitel 5 analysiert. Entwickeln Sie nun mit Hilfe der folgenden Fragen Ihre Bühne und inszenieren Sie so Ihren einzigartigen Marktauftritt.

Nehmen Sie sich Zeit zum Nachdenken!

- *Wo ist Ihr Markt?*
- *Wo sind zurzeit die Kunden, die Ihre Leistungen brauchen und kaufen wollen (regional: Straße, Ort, Bezirk, Landkreis; überregional: Bundesland, im Bundesland mehr im Norden, Osten, Süden, Westen, europaweit, weltweit, international)?*
- *Wie können Sie diese Menschen mit Ihrer Botschaft und später mit Ihren Leistungen ansprechen?*
- *Welche Bedürfnisse wollen Sie mit Ihren Leistungen bei diesen Menschen befriedigen?*
- *Welche Probleme können Sie mit Ihren Leistungen konkret bei welchen Zielgruppen lösen?*
- *Lösen Sie diese Probleme besser oder weniger gut als Ihr Wettbewerber? Woran liegt das?*
- *Lösen Sie die Probleme schlechter als der Wettbewerb? Woran liegt das?*

Durch Ihre Botschaft müssen Sie auf Seiten des Kunden die Idee wecken, dass es für ihn gut und richtig ist, Ihre Leistung zu erstehen – sein Verstand und sein Gefühl müssen ihm signalisieren, dass er sie will, weil er sie wünscht und braucht. Nun haben Sie einen ersten Grobüberblick gewonnen, den Sie später als Basis für Ihre Feinplanung und die Gesamtinszenierung nutzen können. Durch die Beantwortung der Fragen haben Sie aber bereits den Marktplatz umrissen oder die Bühne aufgebaut, wo Sie sich am wirkungsvollsten darstellen und in Szene setzen können. Die folgenden zwei Beispiele zeigen anschaulich, wie eine solche „Inszenierung" ausschauen kann – sie stammen aus meinem Erfahrungsschatz.

Die richtige Bühne finden

Ich sollte ein Produkt auf den Markt bringen, das zwar niemand kannte, aber die Zeit war reif für dieses Produkt – es ging um eine innovative Form der Wärmedämmung im geneigten Dach. Zielgruppe waren die Häuslebauer. Die Architekten und Bauingenieure sollten die Planungen erstellen, die von den Dachdeckern ausgeführt werden mussten. Diese Berufsgruppen mussten für die Idee gewonnen werden, waren jedoch sehr konservativ. Wir setzten zuerst auf Anzeigen in Fachzeitschriften. Die Reaktionen darauf waren zaghaft bis erfolglos. Also gingen wir auf Handwerksmessen – es war ein toller Stand. Die Reaktion: „Thermodach, kenn ich nicht." Nebenan befand sich der zwanzig Mal so große Stand des Wettbewerbers für Wärmedämmung im herkömmlichen Stil – wieder hielt sich der Erfolg in Grenzen. Genauso erging es uns auf den Dachdeckerfachmessen. Es gab dort überall tausend Dinge, die anscheinend interessanter waren als unser Produkt. Was sollten wir noch machen? Ein PR-Berater wusste es: „Fahren wir mit der Zielgruppe auf das Dach Deutschlands, nämlich auf die Zugspitze." Der Erfolg war ebenfalls miserabel – das fantastische Panorama erwies sich als Bumerang, das Interesse galt der Aussicht, nicht unserer Idee.
Ich stellte mir schließlich die Frage, welche Bühne denn eigentlich die richtige für uns sein könnte, bei der sich das Interesse tatsächlich auf das richtete, was wir zu bieten hatten – und wir hatten Wertvolles und Einzigartiges zu bieten. Dann endlich der richtige Einfall: Die Bühne war das eigene Unternehmen. Wir luden alle uns bekannten Architekten, Dachdecker und viele Häuslebauer ein, und alle schauten auf das, was wir zu bieten hatten: Einladung zu gutem Essen, Produktprä-

sentation in Vollendung, Mittagspause, eine Wanderung zur Luisenburg. Nun waren da rund 450 Menschen, die alle an dem Produkt interessiert waren, und wo sich so viele Menschen an ein Produkt interessieren, muss man dabei sein. Nach einiger Zeit sprachen Tausende von Menschen in ganz Deutschland von den tollen Erlebnissen im Fichtelgebirge. Es war eine tolle Bühne, durch die eine lang anhaltende Beziehungspflege zu den Menschen möglich wurde.

Unseren Erfolg konnten wir vor allem durch die „richtige" Bühne und eine Dramaturgie des Ablaufs erreichen, durch die sich die Menschen angesprochen fühlten. Die Botschaft – nämlich die alternative Wärmedämmung als Energiesparer der Zukunft – kam an, der Erfolg war gewaltig. Wir konnten direkt vor Ort zu den Dienstleistern und Kunden eine Nähe und ein Vertrauensverhältnis aufbauen.

Sie sehen also: Bühne, Inszenierung und Schauspieler müssen zusammenpassen. Die Bühne „Anzeigenschaltung" erregte zu wenig Aufmerksamkeit, die Bühne „Zugspitze" zu viel, die Bühne „Messe" war von eine anderen Theatergruppe besetzt. Erst das eigene Unternehmen bot beste Voraussetzungen für eine überzeugende Inszenierung.

Das zweite Beispiel, das dem ersten ähnlich ist, betrifft die Gründung des Josef Schmidt Collegs im Jahre 1985, also den Aufbau eines Weiterbildungs- und Managementinstituts. Es gab allerdings bereits Hunderte von Wettbewerbern, deren Werbung dasselbe oder ein Vielfaches von dem versprach, was wir zu bieten hatten. Viele Menschen waren jedoch von den vielen Versprechungen enttäuscht – warum sollten sie sich weitere Enttäuschungen aufladen? Zeitschriftenwerbung schied daher als Bühne aus.

Also glaubten wir dorthin gehen zu müssen, wo sich unsere Zielgruppe befand, nämlich wiederum auf Messen. Unsere Chancen sahen wir auf der CEBIT, auf Büromessen und allen anderen Messen, auf denen wir die Zielgruppen für unser Angebot vermuteten. Dies erwies sich als totale Fehleinschätzung. Die Zielgruppen waren zwar da, suchten aber etwas anderes, nämlich EDV – und Unternehmen, die zuvor mit Millionenbeträgen für entsprechende Leistungen und ihre Messepräsenz geworben hatten, gab es in großer Anzahl. Unsere Zielgruppe suchte Informationen zur Büroorganisation und vieles mehr – aber nicht zum Thema Management. Die meisten Unternehmer und Führungskräfte glaubten ohnehin, dass sie in diesem Bereich über genügend Know-how verfügten.

Was sollten wir also tun, um unser Ziel zu erreichen? Als kleiner Vorteil für uns erwies sich nun, dass ich in verschiedenen kleinen Kreisen schon bekannt war, aber der Bekanntheitsgrad reichte nicht aus, um zum Trendsetter im Bereich Management zu werden. Immerhin wurde ich inzwischen schon von einigen Unternehmen und Institutionen zu Vorträgen eingeladen, etwa zum Deutschen Managementkongress in München oder auf Fachmessen, die mit Fachtagungen verbunden waren. Eigentlich schöne Bühnen – aber nicht für uns, wir waren „Beiwerk". Trotzdem, der Erfolg stellte sich langsam ein. Vor allem wussten wir nun besser, wo und für wen wir unsere Bühne aufbauen mussten. Wir luden also zu eigenen Abendveranstaltungen ein und präsentierten uns in wunderbaren Kongresszentren – dort hielt ich Vorträge. Der größte Vorteil bestand darin, dass wir dort die einzigen Anbieter waren und mit unserer Werbung nur die Zielgruppe anlockten, die unser Leistungsangebot brauchte und wollte. So kamen in die Liederhalle in Stuttgart fast

700 Unternehmer und Führungskräfte. Ähnliche Zahlen erreichten wir in den Kongresszentren in Hamburg, Frankfurt, Wiesbaden, Dortmund, Hannover, München, später Dresden, Leipzig und Halle. Alle Vorträge, die wir bis dahin gehalten hatten, trugen zu einem großartigen Erfolg bei. Für das internationale Flair sorgten Vorträge in Madeira, Amsterdam, Wien, Innsbruck, auf der griechischen Insel Kos, in Antalya in der Türkei, um nur einige zu nennen. Das Redner- und Vortragspult erwies sich als angemessene Bühne für unsere Zielerreichung, auf der uns die optimale Inszenierung unserer kundenrelevanten Leistung gelang.

Nun werden einige meiner Leserinnen und Leser sagen: „Gut, das war sicher richtig – richtig für Sie, Herr Schmidt. Aber wir bieten keine Wärmedämmung an und führen auch kein Lehrinstitut für persönliche Planung und strategisches Management." Meine Entgegnung lautet:

Natürlich müssen Sie für Ihre Produkte und Ihre Dienstleistungen Ihren persönlichen und individuellen Marktauftritt planen und inszenieren. Und dabei beachten Sie: Wer sich darauf spezialisiert, Menschen einer spezifischen Zielgruppe die Lösung eines bestimmten, brennenden Problems anzubieten, und mit der Bedürfnisveränderung dieser Zielgruppe mitwächst, wird mit dieser Spezialisierung erfolgreich sein, und zwar solange es Menschen gibt.

Die Bühne richtig ausstatten

Wenn Sie sich ein Theaterstück anschauen, ist das erste, was Sie sehen, die Bühne oder das Bühnenbild. Zumeist spiegelt das Bühnenbild die Grundaussage, die im Stück selbst durch die handelnden Personen entfaltet wird. Shakespeares „Macbeth" beginnt im ersten Akt mit der Regieanweisung „Offenes Gelände, Donner und Blitz", und dieses äußere Erscheinungsbild verweist auf den düsteren Charakter der Tragödie. Das heißt: Auch Ihre „Bühne" sollte bereits die grundsätzliche Botschaft Ihres unternehmerischen Tuns und Ihres Unternehmens enthalten– also deren Sinn. Ihr Marktauftritt sollte getragen werden durch Ihre Vision, die das ganze Stück, die Aktivitäten der handelnden Personen – ich meine vor allem Sie und Ihre Mitarbeiter – und die Requisiten grundiert. Wenn es Ihnen gelingt, den Sinn dessen, was Ihr Unternehmen und Sie zu bieten haben, in einer begeisternden Vision und einer motivierenden Botschaft zu formulieren, werden Sie vom Markt als einzigartiger Problemlöser wahrgenommen.

Visionen sind immer auch Leitbilder, und zwar im wahrsten Sinne des Wortes, nämlich Bilder, die uns leiten, die unsere Gedanken und die Gedanken unserer Ziel- und Milieugruppen leiten. Für die Unternehmen, die Führungskräfte, die Mitarbeiter und für Sie bedeutet dies, dass Visionen unsere Gedanken in die Zukunft leiten. All unsere Entscheidungen und Strategien leiten wir davon ab. So müssen Visionen überzeugend und sinnvoll sein. Professor Hermann Simon sagte einmal: „Visionen müssen zwischen Utopie und Realität angesiedelt sein und bedeuten das gerade noch Machbare." Sie verweisen auf das „Warum" Ihrer unternehmerischen Aktivitäten und bringen deren tiefere Bedeutung und tieferen Sinn zum

Ausdruck. Darum ist es so ungeheuer wichtig, die Vision, ist sie erst einmal gefunden und formuliert, an alle Beteiligten im Unternehmen und die Kunden zu kommunizieren – und damit sind wir beim äußeren Erscheinungsbild (Corporate Design) Ihrer Firma angelangt, das in einer Welt, in der der äußere und visuelle Eindruck eine immer wichtigere Rolle spielt, an Bedeutung gewinnt.
Marketingaktionen sollten vor allem folgende Ziele im Visier haben:
- Neugierde wecken und den Kunden herausfordern, Fragen zu stellen,
- Staunen verursachen und
- verblüffen.

Neugierde, Staunen, Verblüffung – es geht also wieder einmal darum, durch die Dramaturgie Ihres Marktauftritts die Gefühle des Kunden anzusprechen und Emotionen zu wecken. Dies kann durch das äußere Erscheinungsbild geschehen, zuallererst durch Ihr Unternehmensemblem und -logo, die auf die Vision und die unternehmerische Botschaft abgestimmt sein sollten. Das äußere Erscheinungsbild und das Image eines Unternehmens haben immer eine Außen- und eine Innenwirkung, sie beeinflussen die Wahrnehmung des Unternehmens durch die Kunden und wirken nach innen identitätsstiftend: Mitarbeiter identifizieren sich mit „ihrem" Unternehmen und engagieren sich entsprechend.
Hinzu kommt: Das gesamte Erscheinungsbild des Unternehmens hinterlässt einen harmonischen Eindruck und weckt angenehme Assoziationen, wenn Vision, Botschaft, Logo, Visitenkarten, Geschäftspapier und alle anderen Kommunikationsmittel Bezug aufeinander nehmen und aufeinander abgestimmt sind. So kann beim Kunden keine zufällige oder negative Wahrnehmung entstehen.
Im Mittelpunkt der Imagebildung steht die Cor-

porate Identity: Damit ist die Persönlichkeit des Unternehmens gemeint, durch die Ihre Werte und Ihre Philosophie nach außen wirken. Diese Philosophie findet sich dann – quasi automatisch – in den Kommunikationsmitteln wieder, die dazu beitragen, dass sich der Kunde überhaupt eine Meinung über Ihr Unternehmen bilden kann.
Alle diese Maßnahmen tragen zur Wiedererkennbarkeit bei, das homogene Erscheinungsbild weckt Sympathie, und der Kunde baut nach und nach Vertrauen zu dem Unternehmen auf.
Gegebenenfalls können – neben der Abstimmung auf die unternehmerische Vision und Botschaft – bei der Gestaltung des Corporate Designs die Erwartungen und Wünsche des Kunden berücksichtigt werden, die Sie durch eine Kundenbefragung oder im persönlichen Gespräch mit einigen Kunden herausfinden. Dabei wird es natürlich stets unterschiedliche Meinungen geben. Wenn aber der überwiegende Teil, zum Beispiel 80 Prozent der Kunden, etwa die Farbe Ihres Logos ablehnen, ist das zu beachten und in die Entscheidung einzubeziehen.
Abzulehnen sind Schriften oder grafische Darstellungen, die schwer lesbar oder gar unverständlich sind. Man sollte auch auf die Sprachkultur der Verbrauchergruppen genau eingehen. Wenn Sie mit Ihren Leistungen eine eher ältere Generation ansprechen, können Sie davon ausgehen, dass diese Menschen Ihre Angebote in deutscher Sprache lesen wollen und sich von Anglizismen nicht angesprochen fühlen. Bedenken Sie: Die Sprache des Kunden ist die wichtigste Handelssprache der Welt. Aber natürlich gibt es auch Bereiche, in denen die Weltsprache Englisch angebracht ist.
Wenn Sie das „Bühnenbild" für Ihr Unternehmen entwickeln, können Sie selbstverständlich eigene Ideen kreieren. Den Grobentwurf übergeben Sie dann am besten einem guten Grafiker, der daraus

mehrere Entwürfe anfertigt. Haben Sie sich für einen bestimmten Entwurf entschieden, sollten Sie sich nicht nur auf Ihr eigenes Beurteilungsvermögen verlassen, sondern diesen Entwurf möglichst vielen Menschen zeigen und sie nach ihrer Meinung befragen, vor allem: „Welche Gefühle weckt dieses (zum Beispiel) Logo bei dir?".
Die meisten Unternehmen verfügen bereits über ein Erscheinungsbild und sind in der Regel auch zufrieden damit. Veränderungen müssen mit aller gebotenen Vorsicht durchgeführt werden. Denn das momentane Erscheinungsbild hat ja schon gewirkt und bei den Menschen Assoziationen geweckt – sie haben sich daran gewöhnt und verbinden damit ein Image, sogar eine bestimmte Leistung, und zwar Ihre. Wenn das Erscheinungsbild zu stark verändert wird, kann dies kontraproduktiv wirken: Das Erscheinungsbild wird nicht mehr mit Ihrem Angebot in Verbindung gebracht.
Das heißt natürlich nicht, dass Sie nun keine Veränderungen vornehmen sollten. Aber bitte nie mehr als 10 bis 15 Prozent auf einmal – in der Regel genügt dies bereits, um eine wesentliche Verbesserung zu erzielen.
Warnen muss man vor Grafikern, die sich als große Künstler sehen – und dabei die Wahrnehmung des Kunden außer Acht lassen. Auch der Grafiker muss in der Lage sein, sich „die Brille Ihrer Kunden aufzusetzen". Man weiß, der Mensch entscheidet in Bruchteilen von Sekunden, ob er eine Werbung liest oder nicht – oder ein Logo bewusst wahrnimmt oder nicht. Erscheint ihm die Darstellung zu kompliziert und umfangreich, bereitet ihm die Wahrnehmung also Mühe, lehnt er sie häufig ab. Das Erscheinungsbild muss daher einfach, verständlich und ästhetisch, also schön, sein, und es muss die Botschaft darin zu erkennen sein, die da aussagt: „Du brauchst mich, denn ich erfülle deine Erwartungen und löse dein Problem."

Nehmen Sie sich Zeit zum Nachdenken!

- *Welche Ihrer Leistungen sind nachweislich die besten und welche Bühne eignet sich, dies Ihren Kunden mitzuteilen?*
- *Malen Sie sich in Ihrer Fantasie das ideale Bühnenbild für Ihr Unternehmen aus. Was müssen Sie tun, um es zu realisieren?*
- *Welche Botschaft hilft Ihnen, Ihre Leistungen zum Kunden zu transportieren? (Bitte beachten: Formulieren Sie die Botschaft kurz, aussagekräftig und so, dass sie den Verstand und das Herz Ihrer Kunden anspricht.)*
- *Mit Hilfe welcher Inszenierung können Sie Ihr Unternehmen und Ihre Leistungen kundenorientiert und begeisternd darstellen, so dass diese im Bewusstsein Ihrer Kunden nachhaltig verankert werden?*
- *Wer in Ihrem Unternehmen kann diese Inszenierung optimal durchführen?*
- *Welche Wirkung können Sie damit bei Ihren Kunden erreichen?*

Die Zuschauer ansprechen

Das Bühnenbild ist gestaltet, das Theaterstück Ihrer Leistungen geschrieben. Nun müssen die Menschen wissen, dass und wann das Stück aufgeführt wird. Dazu gibt es eine Vielzahl an Möglichkeiten, von denen ich nun einige vorstellen möchte. Jeder Unternehmer muss natürlich selbst entscheiden, welche Kommunikationsmittel er nutzt, um den Markt anzusprechen. Sie selbst sind es, der den Charakter, die Mentalität Ihres Unternehmens am besten kennt. Trotzdem möchte ich nochmals meine Überzeugung betonen, dass es vor allem der persönliche Kontakt zum Zuschauer – zum Kunden – ist, der es Ihnen ermöglicht, die Einzigartigkeit Ihrer Leistungen zu kommunizieren:

„Beziehungspflege von Mensch zu Mensch" und „Netzwerkaufbau durch aktives Empfehlungsmarketing" sind die wichtigsten Bausteine, „Zuschauer" anzuziehen.

Marketing von Mensch zu Mensch
In unserer anonymen Welt nimmt die Beziehungspflege als Erfolgsfaktor an Bedeutung zu. Daher gewinnt das One-to-one-Marketing an Bedeutung – das nichts anderes bedeutet, als dass die Beziehungspflege von „Mensch zu Mensch" geschehen sollte. Ich habe schon vor vielen Jahren einen Vertrieb mit 50 Außendienstleuten aufgebaut, deren Erfolg im Wesentlichen auf echter Kundenbindung und intensiver Beziehungspflege beruhte. Diese Außendienstler waren in der Lage, die Probleme des Kunden im Gespräch zu erkennen und zu lösen – und zwar in der persönlichen Begegnung und im persönlichen Gespräch auf einer höchst individuellen Ebene. Anonymität gibt es in unserer Gesellschaft zuhauf – wer auf die individuelle Kundenbegegnung setzt, hebt sich schon durch diese grundsätzliche Ausrichtung vom Wettbewerb ab.
Dazu muss das Zielgruppensegment genau abgesteckt werden, so dass der Aufbau und die permanente Aktualisierung einer Kundendatei eine große Bedeutung erhält. Um die Pflege zwischenmenschlicher Kontakte angemessen durchführen zu können, bedarf es aber nicht nur einer Datei, sondern vielmehr einer partnerschaftlichen Einstellung zum Kunden und der Überzeugung, dass Ihre Mitarbeiter und Sie die Problemlöser und Dienstleister Ihrer Kunden sind. Diese Einstel-

lung kann sich zum Beispiel in folgenden konkreten Verhaltensweisen äußern:
- den Kunden in seinem So-Sein akzeptieren und anerkennen, indem man das persönliche Gespräch mit ihm sucht und führt sowie ihm menschliche Zuwendung und Wohlwollen zukommen lässt,
- die eigenen Stärken und Fähigkeiten einsetzen, um den Kunden zu unterstützen, zum Mittelpunkt seiner Welt zu werden,
- sich dem Kunden freundlich und höflich zuwenden,
- dem Kunden kleine Gefälligkeiten in angemessener Verhältnismäßigkeit erweisen.

Um diese Verhaltensweisen verwirklichen zu können, ist es notwendig, über möglichst viele Informationen zu dem einzelnen Menschen zu verfügen, auch über Informationen, die den persönlichen Bereich berühren. Diese Informationen – die nicht immer in ein EDV-gestütztes System gehören, das jedem zugänglich ist – können Sie und Ihre Mitarbeiter auf einer persönlichen Kunden-Karteikarte notieren: Infos zu Hobbys, zum Geburtstag und zu anderen privaten Angelegenheiten. Beim nächsten Kontakt kann Ihr Mitarbeiter den Kunden mit den Worten begrüßen: „Wie ist denn die Geburtsfeier Ihrer Tochter verlaufen?" Ein Verkäufer, der bei einem Gespräch in drei Monaten noch weiß, dass der Sohn seines Kunden vor dem Abitur steht und ihn dann nach dem Ergebnis der Abiturprüfung fragt, gewinnt das Vertrauen des Kunden, weil dieser weiß, dass er für ihn nicht nur eine „Geldvermehrungsmaschine" ist – sondern ein Mensch, für den er sich interessiert.

Netzwerk aufbauen
Die persönliche und individuelle Beziehungspflege sollte aber nicht nur Ihre Kunden umfassen, sondern alle Personen und Gruppen, die ein Interesse an Ihren Leistungen haben könnten. Nicht unbedingt, um diese Leistungen zu kaufen, sondern um sie anderen Personen zu empfehlen oder ihnen davon zu zählen. Ich denke etwa an:
· Lieferanten
· Kapitalgeber und Investoren
· Behörden
· Vereine und Verbände
· Hochschulen und andere Bildungseinrichtungen
· Stiftungen und Institutionen
· Interessengemeinschaften
· Weiterbildungsinstitutionen
· Multiplikatoren wie zum Beispiel die Presse, und natürlich
· Einzelpersonen wie Freunde und Bekannte.

Sammeln Sie daher die Kontaktdaten dieser Menschen und Gruppen, verdeutlichen Sie sich den Wert und Sinn dieser Kontakte und überlegen Sie, welche Möglichkeiten Sie haben, um diesen Menschen einen Nutzen zu erweisen. Das muss gar nicht einmal das teure Geschenk sein – davon ist eher abzuraten, um nicht in den Geruch der Beeinflussung oder gar Manipulation zu gelangen. Versenden Sie regelmäßig und kontinuierlich – die Kontinuität ist wichtig, um sich dauerhaft im Gedächtnis der angesprochenen Personen zu verankern – Neujahrsgrüße, Dankeschön-Karten oder Anschreiben mit Informationen, die für die jeweilige Gruppe einen besonderen Wert haben.
In seinem Wirtschaftsroman „Networking, das sich auszahlt ... jeden Tag!" nennt und beschreibt Tim Templeton vier Prinzipien, die beim Aufbau lebenslanger Beziehungen zu beachten sind:

- „Prinzip 1: Die 250-mal-250-Regel. Es zählen nicht nur diejenigen Menschen, die man selbst kennt, sondern – viel wichtiger – diejenigen, die die Kunden kennen.
- Prinzip 2: Legen Sie eine Datenbank an, und teilen Sie die Daten in die Kategorien A, B und C ein.
- Prinzip 3: ‚Sagen Sie es mir einfach.' Erklären Sie Ihren Kunden, wie Sie arbeiten und welchen Wert Sie für die Kunden haben, indem Sie regelmäßig, konsequent und nachhaltig von sich hören lassen.
- Prinzip 4: Bleiben Sie in Kontakt, ständig, persönlich und systematisch."

Prinzip 1 verweist auf das Empfehlungsmarketing: Ihnen und Ihren Mitarbeitern mit Kundenkontakt sollte es zur Gewohnheit werden, am Ende eines Verkaufs-, Beratungs- oder Kundengesprächs stets um eine Weiterempfehlung oder den Namen einer Person zu bitten, von dem Ihr Gesprächspartner weiß, dass Ihre Leistung auch für diese Person von Nutzen sein kann. Der große Vorteil der Weiterempfehlung liegt auf der Hand: Kundenzufriedenheit ist die beste Werbung – die es auch noch umsonst gibt. Denn ein Kunde, der den Verkäufer, dessen Unternehmen, seine Produkte und Dienstleistungen im Bekannten- oder Verwandtenkreis und am Arbeitsplatz positiv erwähnt, spricht aus voller Überzeugung und wirkt sehr glaubwürdig. Und einem Bekannten, der sich positiv über einen Kauf äußert, schenkt man mehr Glauben als noch so professionell gestalteten Werbeprospekten oder einem freundlichen Verkäufer, von dem man vermutet, er wolle einem letztendlich „doch nur etwas verkaufen". Und es hat sich wohl schon jeder einmal über ein Produkt allein deswegen informiert, es vielleicht sogar erstanden, weil ein naher Bekannter Produkt und Verkäufer gelobt hat.

Wichtig dabei: Auch der Kundenkontakt, der ohne Abschluss bleibt, bietet die Chance zur Weiterempfehlung – nämlich dann, wenn der Verkäufer den Kunden trotz der Enttäuschung auch weiterhin offensiv betreut und durch eine freundliche Verabschiedung dafür sorgt, dass er das Gespräch in guter Erinnerung behält.

Durch Empfehlungsmarketing erweitert sich Ihre Kundendatenbank fast wie von selbst, Ihr Netzwerk wächst und wächst. Danach können Sie Prioritäten setzen und die Kunden nach Wichtigkeit einstufen. Je nach Wichtigkeit setzen Sie sich regelmäßig mit den Kunden in Verbindung: per Abruf, per Mailing, per Mail und welche Marketingmöglichkeiten Ihnen ansonsten noch zur Verfügung stehen.

Jerry Wilson schreibt in seinem Buch „Mund-zu-Mund-Marketing": „Wir wissen, wie man geschickte Direct-Mail-Kampagnen veranstaltet. Wir wählen teure Standorte, geben Millionen für die richtige Atmosphäre und das richtige Ambiente aus, doch es gelingt uns nicht, die Aufmerksamkeit des Kunden in dem Maße zu gewinnen, dass er einen Wiederholungskauf tätigt. Warum nicht? Ich bin der Meinung, der Grund dafür ist negative Mund-Werbung. Die Mund-Werbung basiert nur selten darauf, dass Sie etwas Bestimmtes tun ... oder nicht tun. Sie ist vielmehr das Ergebnis der vielen hundert kleinen Dinge, die Sie immer ein klein wenig besser machen als Ihre Konkurrenten." – Und dazu zählt die ständige Bitte um Weiterempfehlung bei Ihren Kunden und allen Menschen, mit denen Sie zu tun haben.

Nehmen Sie sich Zeit zum Nachdenken!

- *Betreiben Sie in Ihrem Unternehmen bereits die intensive „Beziehungspflege von Mensch zu Mensch" (One-to-one-Marketing)?*
- *Welche Schritte müssen Sie tun, um dahin zu gelangen?*
- *Verfügen Sie über ein Netzwerk? Falls nicht: Nutzen Sie die vier Prinzipien von Tim Templeton, um ein Netzwerk aufzubauen.*
- *Was können Sie unternehmen, damit Ihre Mitarbeiter – insbesondere Ihre Verkäufer – bei jedem Kundenkontakt um eine Weiterempfehlung oder die Angabe von Referenzkunden bitten?*

Internet und E-Mail-Marketing
Zurzeit steht die Kundenkommunikation mit Hilfe des Internet ganz oben. Ob das World Wide Web für Sie geeignet ist oder Sie nur von der dringend notwendigen persönlichen Kontaktaufnahme mit Ihren Kunden abhält, ist branchenabhängig. Für kleine Unternehmen im Bereich der Primärbedürfnisse (Brot, Fleisch, Obst, Gemüse usw.) wird es wahrscheinlich eher keine Bedeutung haben – aber das können Sie gegebenenfalls abgleichen, indem Sie die Erfahrungen prüfen, die gleich gelagerte Unternehmen mit diesem Kommunikationsmedium gemacht haben. So ersparen Sie sich vielleicht teuer erkaufte eigene Erfahrungen.
Für mittlere und große Firmen ist ein Auftritt im Internet schon fast Pflicht. Zu unterscheiden sind die Alternativen, ob das Internet genutzt werden soll, um Informationen zu verbreiten oder um Produkte und Dienstleistungen zu verkaufen. Die Informationsvermittlung per Netz sollte genutzt werden, wenn es sich rechnet. Bei dem Online-Vertrieb ist zumindest Vorsicht geboten – sogar

große und umsatzstarke Unternehmen berichten diesbezüglich von riesigen Problemen und Nachteilen. So werden Bestellungen oft mit einem Preisdiktat verknüpft, nach dem Motto: „Senden Sie mir umgehend ..., aber nur wenn Sie das zum Preis von ... tun können."
Die Versendung von Informationen über Ihre Leistungen über E-Mails ist unter dem Kostenaspekt interessant. Es ist möglich, relativ einfach, schnell und kostengünstig Tausende von Kunden zu beschicken – Sie sollten aber vorher testen, ob die Empfänger Ihre Informationen auch tatsächlich haben möchten. Wie bei allen Direkt-Marketingmaßnahmen müssen Sie insbesondere darauf achten, dass es dem Empfänger so leicht wie möglich gemacht wird, zu reagieren.

Anzeigenwerbung und Rundfunkwerbung
Der Kundenkommunikation per Anzeigen sollten Sie – das gilt übrigens bei allen genannten Kommunikationsmedien – einen Test vorschalten, der es Ihnen erlaubt, die Erfolgsaussichten zu beurteilen. Beachten Sie, dass eine Anzeige in der Regel erst ab dem dritten Mal Wirkung zeigt. Und: Der Kunde entscheidet in Bruchteilen von Sekunden, ob er die Anzeige liest oder nicht. Zudem erscheint die Anzeige meist in einer Zeitung oder Zeitschrift, in der auch viele andere Informationen vorhanden sind – das schmälert den Aufmerksamkeitsgrad, den der Kunde Ihrer Werbung schenken kann. Zwar können mit der Anzeigenwerbung auch heutzutage noch gute Erfolge erzielt werden; trotzdem bin ich der Meinung, dass ihre Bedeutung mit Recht abnimmt. Die Ausnahme bilden Großanzeigen von Supermärkten und Konzernen.
Rundfunkwerbung hat in der Regel dann gute Erfolgsaussichten, wenn sie regional erfolgt und Produkte betrifft, die keiner besonderen Beratung

bedürfen und bei denen Qualitätsunterschiede kaum feststellbar sind. Letzteres gilt auch für die Fernsehwerbung. Wo immer eine Beratung notwendig ist, ist die Kommunikation „von Mensch zu Mensch" erfolgversprechender – und im Normalfall billiger als teure Werbung in Rundfunk und Fernsehen.

Den Aspekt „Originalität" beachten
Bei allen Kommunikationsmitteln sollten Sie überlegen, ob es möglich ist, dem Kunden etwas ganz Besonderes zu bieten, also eine „Extra-Banane". Dazu ein Beispiel: Die meisten Unternehmen sprechen bei ihren Marketingaktionen das Auge und die Ohren an – Bilder, Farben, Klänge prasseln auf den Kunden ein. Nun die x-te visuelle oder auditive Marketingbotschaft auf den Kunden etwa per Werbebrief einstürzen zu lassen, birgt die Gefahr, dass sie vom Kunden nicht wahrgenommen wird. „Abheben von der Masse" lautet das Ziel, zum Beispiel durch Duft-Marketing, bei dem die Wahrnehmung Ihrer Leistungen durch die „Kunden-Nase" erfolgt. Eckehard Ernst hat bereits 1996 vorgeschlagen, Duft-Marketing im Bereich der „Produktbeduftung" einzusetzen, etwa im Sanitär- und Hygienebereich. Aber auch das Tagungshotel Schindlerhof bei Nürnberg setzt in seinen Tagungsräumen Duftsäulen ein.
Der zweite Einsatzbereich liegt in der Werbung – Ernst nennt als Möglichkeiten die „Beduftung" von Messeständen und Verkaufsräumen, aber auch von Werbeträgen wie Postkarten und Briefen. Duft-Marketing wird mittlerweile mehr eingesetzt als noch 1996, aber immer noch relativ selten, so dass es ein schönes Beispiel dafür ist, seinem Marktauftritt eine besondere (Duft)Note zu verleihen.
Gerade in die klassischen Marketinginstrumente wie die direkte Kundenansprache durch Telefon,

Briefe und Werbeprospekte und auch E-Mails lässt sich durch eine kreative und außergewöhnliche Idee frischer Wind hineinbringen. Allerdings wird dies immer schwieriger, weil bereits unendlich viele innovative Ideen geboren und realisiert worden sind. Darum sollten Sie ruhig Benchmarking betreiben, sich also genau die Marketingaktionen anschauen, die in anderen Branchen – vor allem denjenigen, die mit Ihrer Branche überhaupt nichts zu tun haben! – vorkommen und überlegen, ob Sie sie für Ihre Zwecke leicht ändern und in Ihr Marketingportfolio integrieren können.

Zum Erfolg kann auch ein intelligenter Marketing-Mix führen. Damit ist das Zusammenführen verschiedener Marketingaktivitäten gemeint – die kreative Innovation entsteht durch die intelligente Kombination mehrerer bereits bekannter Marketingmaßnahmen.

Eine weitere Alternative ergibt sich durch eine Marketingkoalition. Von einer Marketingkoalition spricht man dann, wenn sich voneinander unabhängige Unternehmen zusammenschließen, um gemeinsame Marketingprogramme zu entwickeln. Ziel der Kommunikation ist die Steigerung der Kompetenz und des Bekanntheitsgrades der Unternehmen und der Produkte und Dienstleistungen. So sind Marketingkoalitionen bekannt zwischen Unternehmen, von denen das eine Kindernahrung und das andere Spielzeug anbietet. Auch Champagner und Diamanten ergeben eine mögliche Kombinationsmöglichkeit. Wichtig ist, dass die Unternehmen dieselbe Zielgruppe ansprechen und nicht unmittelbar in Konkurrenz zueinander stehen.

Zudem gibt es die Möglichkeit, auch bei bekannten Marketingmaßnahmen einen kreativ-innovativen Aspekt einzubauen, indem das Gewöhnliche und Selbstverständliche ungewöhnlich gut gemacht wird:
- Planen Sie professionell: Viele Aktionen scheitern, weil die Zielgruppe nicht genau bestimmt und jeder Hauch von Originalität vermieden wird sowie die Antwortmöglichkeit für den Empfänger zu kompliziert ist. Indem Sie sich klare Ziele setzen, die Zielgruppe individuell ansprechen und für messbare Ergebnisse sorgen, können Sie sich vom Wettbewerb wohltuend absetzen. Ihre Originalität kommt dann weniger durch eine „Zusatz-Banane" zum Ausdruck, sondern durch die Professionalität der Ansprache.
- Personalisieren Sie Ihre Briefe, indem Sie – basierend auf Ihrer Kundendatei – eine möglichst persönliche Ansprache wählen. Allerdings hat die persönliche Ansprache seine Grenzen – ansonsten könnten Sie gleich jeden Empfänger einzeln ansprechen. Deshalb sollte Ihre Kundensegmentierung möglichst tief gehen.
- Führen Sie so häufig wie möglich Tests durch, bevor Sie eine Maßnahme starten. So verschaffen Sie sich nicht nur ein immer komplexeres Bild, sondern erhalten immer neue Kundeninformationen, mit denen Sie Ihre Kundendatenbank füttern können.
- Überraschen Sie Ihre Kunden mit einer Ansprache, die für Ihr Unternehmen eher ungewöhnlich ist. Zu überlegen ist, ob Sie bei bestimmten Aktionen, zum Beispiel wenn Sie nie oder selten mit Telefonmarketing arbeiten, externe Dienstleister einschalten. Ihre Zielgruppe wird dann eventuell durch die außergewöhnliche aber dennoch professionelle Ansprache überrascht sein.

Nehmen Sie sich Zeit zum Nachdenken!

Welche der genannten dramaturgischen Elemente können Sie für Ihre Marketing einsetzen? Und wie?

7.3 Marketingstrategie planen und Erfolge kontrollieren

Sie haben nun viele Fragen beantwortet und neigen vielleicht dazu, sofort mit einigen der gewonnenen Erkenntnisse Veränderungen einzuleiten und mit der Feinausarbeitung Ihrer Marketingstrategie zu beginnen. Ich empfehle Ihnen dabei: Durch die Beantwortung der Fragen haben Sie eine umfangreiche Bestandsaufnahme gemacht, die es Ihnen ermöglicht, eine Bilanz zu ziehen. Auf die Aktivseite kommt alles, was gut und Erfolg versprechend ist oder auch in der Vergangenheit zum Erfolg geführt hat. Auf der Passivseite stehen die Anregungen, die für Sie nicht von Bedeutung sind und die Sie zumindest vorerst zurückstellen können. Dann entwickeln Sie Ihre Strategie in den folgenden Schritten:

1. Bewährtes weiterführen und permanent optimieren.
2. Unbedeutendes oder weniger Erfolgreiches beenden.
3. Alles Neue konkret planen:
   a) Ziele festlegen
   b) Was tue ich, damit diese Ziele verwirklicht werden (Umsetzungsplan)?
   c) Wer (Personen bestimmen) macht was (Maßnahmen und Aktivitäten festlegen) wann (Zeitplan aufstellen) und wie (Vorgehensweise festlegen)?

4. Auf dieser Basis erfolgt die Umsetzung der Strategie.
5. Kontrolle.

Bei der Kontrolle helfen die folgenden Fragen, die von Ihrem Führungsteam und Ihnen regelmäßig beantwortet werden sollten – und *zwar aus der Sicht der Kunden*:

Vierteljährliche Analyse:
- Ist jeder Ihrer Bereiche ein Servicebereich für den Markt?
- Ist durch Ihre Einkaufspolitik gewährleistet, dass Sie immer und zu allen Zeiten Rohstoffe, Teile usw. in ausreichenden Mengen erhalten?
- Welche Stärken haben Ihre Produkte gegenüber denen der Wettbewerber?
- Welche Schwächen haben Ihre Produkte gegenüber denen der Wettbewerber?
- Wie können Sie diese Schwächen abbauen?
- Stehen Ihre Preise in Relation zum Wert der Produkte und Dienstleistungen?
- Haben Ihre Produkte ein ständig gleich hohes Qualitätsniveau?
- Wie hoch ist Ihre Weiterempfehlungsrate? Welche Weiterempfehlungsrate wäre wünschenswert? Wie können Sie sie erreichen?
- Haben Ihre Wettbewerber mehr Werbeerfolg als Sie? Wenn ja, warum? Was werden Sie für den Erfolg Ihrer Werbung zusätzlich tun?
- Wird bei Ihnen jeder Kunde individuell bedient?

Halbjährliche Analyse:
- Berücksichtigen Sie bei Ihrer Einkaufspolitik auch Lieferanteninteressen? Bieten Sie für Ihre Lieferanten einen Nutzen?
- Wie liegen Ihre Preise im Vergleich zu Ihren größten Mitbewerbern? Könnten durch Ihre

Preise Gefahren für Ihr Unternehmen entstehen? Wenn ja, was unternehmen Sie dagegen?
- Entsprechen Ihre Liefer- und Zahlungsbedingungen den Grundlagen der partnerschaftlichen Zusammenarbeit?
- Ist Ihr Rabattsystem fair oder sollte es geändert werden?
- Sind Ihre Geschäftszeiten realistisch und kundenorientiert?
- Welche Anreize und Motive zum Engagement bieten Sie Ihren Verkäufern? Welche zusätzlichen Anreize können Sie bieten?
- Sind Ihre Serviceleistungen nach dem Kauf verbesserungsbedürftig?
- Tragen Ihre Serviceleistungen zu einer hohen Weiterempfehlungsrate bei?
- Wo haben Sie in Ihrem Kundendienst im Vergleich zur Konkurrenz Schwächen und wie können Sie diese beheben?
- Führen Sie bezüglich Ihrer Werbeaktivitäten eine Erfolgskontrolle durch?
- Wie können Sie Ihre Kunden und potenziellen Käufer besser informieren?
- Welche personellen Veränderungen sind notwendig, um ein professionelles Marketing zu betreiben?

Jährliche Analyse:
- Was können Sie tun, um in Ihrem Bereich weltweit, europaweit, überregional und/oder regional Marktführer zu werden?
- Welche Möglichkeiten haben Sie, um etwas vollkommen Neues in Ihrem Marktsegment zu gestalten?
- Wie können Sie sich und Ihre Leistungen noch besser im Gedächtnis Ihrer Kunden verankern?
- Werden Sie vom Markt als redliches, zuverläs-

siges und anständiges Unternehmen wahrgenommen? Was können Sie tun, um vom Markt so wahrgenommen zu werden?
- Nutzen Sie Ihre Kernkompetenzen und Stärken voll aus?
- Ist Ihr Qualitätsmanagementprogramm verbesserungswürdig?
- Gestaltet sich Ihre Gewinnsituation so, dass Sie stets liquide sind?
- Sind die Aufgaben, Kompetenzen und Verantwortlichkeiten in Ihrem Unternehmen so verteilt, dass Ihre wichtigsten Erfolgsfaktoren jederzeit zum Wohl des Unternehmens eingesetzt werden?
- Bietet ein Wettbewerber mehr Nutzen als Sie?
- Welche volkswirtschaftlichen Rahmenbedingungen (Arbeitslosigkeit, Zinsen etc.) wirken sich positiv und welche negativ auf Ihr Unternehmen aus? Wie verwerten Sie die Plus-Faktoren?
- Passen alle Ihre Produkte und Dienstleistungen in Ihr Sortiment, zu Ihrem Know-how und zu Ihrem Image?
- Tragen Ihre Produkte Namen, die nicht so leicht kopiert werden können?
- Verfügen Sie über ein Logo oder Symbol, durch das Ihr Unternehmen und Ihre Leistungen vom Markt eindeutig und unverwechselbar identifiziert werden können?

Nun bleibt mir nur noch Sie zu bitten, die zahlreichen Informationen dieses Kapitels zu resümieren und zu verdichten, also:

Nehmen Sie sich Zeit zum Nachdenken!

Wie schaut Ihre Marketingstrategie aus und welche Dramaturgie (Bühne, Bühnenbild, Zuscheransprache) geben Sie ihr?

Kapitel 8:

Marktdynamik entsteht durch professionelle Verkäufer und Selbstmarketing

Was Ihnen dieses Kapitel bietet

Alles bisher Gesagte lässt sich nur umsetzen, wenn Ihre Mitarbeiter und Sie in der Lage sind, dem Konzept „Marktdynamik" und der Marketingstrategie Leben einzuhauchen. Im zweiten Kapitel standen eher allgemeine Aspekte der Mitarbeiterführung im Vordergrund – nun schließt sich der Kreis anhand der Frage, über welches Profil und über welche Kernkompetenzen die Menschen an der „Verkaufsfront", also die Verkäufer, die in und für Ihr Unternehmen tätig sind, verfügen sollten, um es zu einer Marketing-Company zu entwickeln. Schließlich wird die Bedeutung eines persönlichen Marketingprogramms beschrieben.

8.1 Das Profil des Verkäufers der Zukunft

Verkauf ist immer die Krönung unseres gesamten unternehmerischen Tuns. Denn Leistung wird zum Wert, wenn sie verkauft ist. Was nützen die besten Produkte und Dienstleistungen, wenn sie von niemandem gekauft, gebraucht und genutzt werden? Die Antwort ist einfach: Sie sind wertlos.

Als ich vor vielen Jahren meinen Beruf wechselte und vom Handwerksmeister mit fünf Mitarbeitern als Managementtrainer in die mittelständische Wirtschaft ging, wurden mir zwei Dinge ganz besonders bewusst, die mir aber vorher als etwas Selbstverständliches erschienen und aus meiner Sicht nichts Außergewöhnliches waren: Die wichtigsten Bereiche für den Unternehmer sind das Management und der Verkauf. Ein schlechtes Management kann zu keinem guten Verkauf, sprich Umsatz führen. Aber auch das beste Management ist machtlos, wenn kein Umsatz und Gewinn daraus entsteht. So entwickelte ich vor mehr als zwanzig Jahren das Managementmodell UnternehmerEnergie; kurz danach entstand mein erstes Buch, und bereits dort hieß es, dass Leistung zum Wert wird, wenn sie verkauft ist.

Dass ein Top-Verkäufer zum Beziehungsaufbau in der Lage sein und bei der Gestaltung von Kundenbeziehungen sowohl die Verstandes- als auch die Gefühlsebene ansprechen können muss, ist von mir hinreichend beschrieben worden. Zudem sollte er freundlich, ehrlich und glaubwürdig zu den Kunden sein. Seine Fach-, Methoden-, Sozial- und Kommunikationskompetenz gehört ebenfalls zu den Grundvoraussetzungen; Techniken wie die Fragetechniken und das aktive Zuhören muss er einfach beherrschen.

Das heißt: Zu den Aufgaben des modernen Verkäufers gehört eine wahre Flut an Aufgaben, etwa Key Account Management, Marketing, Controlling, Vertrieb, Service, Kundenberatung, Verkauf. Zeichnet man das Bild eines „idealen" Verkäufers, landet man schnell bei der sprichwörtlichen „eierlegenden Wollmilchsau" und ist an die Stellenanzeige erinnert, in der der dreißigjährige spezialisierte Generalist mit fünf Auslandsaufenthalten, abgeschlossenem Studium, MBA-Weiterbildung und zehn Jahren Berufserfahrung gesucht wird. Und tatsächlich kann man festhalten, dass der Verkäufer von heute und morgen in immer mehr Fachgebieten immer mehr wissen muss. Er muss ausgezeichnetes Produkt-, fundiertes Markt- sowie solides Fachwissen in allen Bereichen des Verkaufens besitzen; verlangt werden Kenntnisse in Betriebswirtschaft, Kostenmanagement, Qualitätsmanagement, Logistik und Marketing, Gebietsmanagement, Kundenkommunikation und Berichtswesen. Die Entwicklungen im Bereich der Produktionstechnologien soll er ebenso kennen wie die Techniken des Selbstmanagement und des Persönlichkeits- und Mentaltrainings. Die Liste ließe sich fortsetzen und würde schließlich so viele Kompetenzen umfassen, dass es kaum einem Verkäufer gelingen dürfte, auch nur in die Nähe eines solchen Qualifikationsprofils zu kommen. Da jedoch die einzelnen Qualifikationen eines Top-Verkäufers sehr stark von den individuellen Gegebenheiten abhängig sind, die in *Ihrem Unternehmen* anzutreffen sind, möchte ich – statt lediglich Einzelkompetenzen aneinander zu reihen – lieber anhand einiger grundsätzlicher Überzeugungen beschreiben, wie meiner Meinung nach der „ideale Verkäufer" der Zukunft ausschaut.

Vorweg will ich aber mit einem Vorurteil aufräumen, das besagt: Gute Produkte brauchen keine überdurchschnittlichen Verkäufer. Wie falsch das ist, zeigt die Tatsache, dass die besten Unternehmen Deutschlands, also die mit dem besten Leistungsangebot, zumeist über die besten Verkäufer verfügen und diese auch dringend benötigen. Die besten Produkte sind oft die, die als die teuersten erscheinen. Superqualität bedarf Superrohstoffe, Superentwickler, Superproduktion und auch Superverkäufer. Und all dies kostet sehr viel Geld. Trotzdem behaupte ich, dass die Produkte mit den vielen Superlativen gleichzeitig die preiswertesten sind. Das mag zunächst erstaunen. Aber: Es gibt kaum etwas auf der Welt, das nicht irgendjemand ein wenig schlechter machen und etwas billiger verkaufen könnte – und die Menschen, die sich nur am Preis orientieren, werden häufig die willkommene Beute von Unternehmen, die zwar billig sind, aber schlechte Qualität liefern. Diese Menschen machen dann die Erfahrung, dass das billige Produkt nicht viel taugt und ersetzt werden muss – also ein zweites Mal gekauft und bezahlt werden muss. Das heißt: Es ist unklug, zu viel zu bezahlen, aber es ist noch viel unklüger, zu wenig zu bezahlen. Wenn Sie zu viel bezahlen, verlieren Sie etwas Geld, das ist alles. Wenn Sie dagegen zu wenig bezahlen, verlieren Sie manchmal alles, da der gekaufte Gegenstand die ihm zugedachte Aufgabe nicht erfüllen kann. Natürlich ist es die Aufgabe des Verkäufers, dies dem Kunden zu verdeutlichen. Aber dazu muss er selbst erst einmal in der Lage sein, den Preis nicht allzu sehr in den Vordergrund zu rücken.

Das Profil des Top-Verkäufers: 7 Grundüberzeugungen

Grundüberzeugung 1: Top-Verkäufer müssen Menschen mögen – dann können sie Produktnutzen in Kundennutzen verwandeln
Niemand kauft einen Preis. Ein Kunde kauft den Nutzen, den er sich durch den Kauf verspricht. Der Nutzen wiederum ist abhängig von dem Wert, den der Kunde dem Produkt oder der Dienstleistung beimisst. Wiegt der Preis den empfundenen Wert nicht auf, erklärt der Kunde den Preis als zu teuer – und kauft nicht. Dabei ist nicht entscheidend, welchen Wert das Objekt der Begierde tatsächlich hat, sondern welchen persönlichen Nutzen und Vorteil der Kunde sieht, wenn er es ersteht.

Der Top-Verkäufer versteht es, den Produktnutzen in Kundennutzen umzuwandeln. Wichtiger als die Beherrschung der entsprechenden kommunikativen Techniken ist aber die Einstellung, dass der Kunde es verdient habe, dass man ihm diesen Nutzen auch bietet. Und diese Einstellung kann nur zustande kommen, wenn der Verkäufer den Kunden mag – oder besser: wenn der Verkäufer Menschen mag. Dann wird er wie von selbst alles tun, um dem Menschen, der im Kundengespräch vor ihm steht, einen höchstmöglichen Nutzen zu bieten.

Der ehemalige Bundespräsident Roman Herzog hat einmal gesagt: „Wir sind schon ein merkwürdiges Volk, wenn wir mit Freude Maschinen bedienen, aber jedes Lächeln gefriert, wenn es sich um die Bedienung von Menschen handelt." Der Top-Verkäufer ist bestrebt, dieses Bonmot Roman Herzogs zu widerlegen.

Auch ich hatte in meiner aktiven Zeit als Verkäufer das Problem mit dem Kundenargument „zu teuer". Ich löste es immer, indem ich argumentativ das Verhältnis zwischen Wert und Preis darstellte und zudem verdeutlichte, dass Qualität ihren Preis hat. Dabei half mir gewiss meine Fähigkeit, Verkaufsgespräche gezielt, situativ und partnerbezogen durch den Einsatz aller sprachlichen und körpersprachlichen Wirkungsmittel erfolgreich zu gestalten, also meine Dialogfähigkeit. Noch wichtiger aber war, dass ich den Kunden als Partner betrachtete, als Menschen, den ich mochte, akzeptierte und tolerierte.

Übrigens: Rasche Preisnachlässe tragen zur allgemeinen „Geiz ist geil"-Stimmung bei und zerstören den Markt. Die wichtigste Strategie für einen Verkäufer lautet daher: den Preis selbstbewusst verteidigen und verhandeln! Dazu muss er von der Preiswürdigkeit seines Angebots überzeugt sein und sich vor dem Verkaufsgespräch Strategien überlegen, wie er dem Einwand „zu teuer" begegnen kann. Dabei gilt: Der Verkäufer darf den Preis nie nennen, ohne ihn zum Nutzen ins Verhältnis zu setzen – Leistung und Nutzen sind die Gegengewichte zum Preis.

Grundüberzeugung 2: Der Top-Verkäufer ist aus Überzeugung der zuverlässigste Partner seines Kunden

Ich kann es auch so ausdrücken: Der Top-Verkäufer liebt den Kundenkontakt: Der persönliche Kontakt war schon immer einer der Hauptgründe der Kunden, bei einem bestimmten Verkäufer zu kaufen. Und je mehr der Computer und das Internet Einzug in die Unternehmen halten, desto weniger und unersetzbarer werden der persönliche Kontakt und das Kundengespräch, in dem Augenkontakt, Mimik und Gestik eine Rolle spielen. Der Kunde hat ein sehr feines Gespür für die Einstel-

lung, mit der ihm ein Verkäufer entgegentritt. Er merkt sofort, ob der Verkäufer es ehrlich meint und von dem Produkt, das er ihm verkaufen will, selbst überzeugt ist. Wenn die Begeisterung und das Vertrauen in das eigene Produkt und das eigene Unternehmen nicht da ist, also auch für den Kunden somit nicht spürbar und nachvollziehbar ist, wie soll sich diese Begeisterung und das Vertrauen dann auf den Kunden übertragen? Um dies vermitteln zu können, braucht der Verkäufer ein sehr gesundes Selbstbewusstsein und die Liebe zu sich selbst und zu anderen Menschen.
Dass der Top-Verkäufer von dem, was er tut, überzeugt ist und seinen Kunden mag, ist auch eine Frage des Anstandes. Der Kunde braucht das Gefühl, dass er einer unserer wichtigsten Kunden, wenn nicht sogar der wichtigste Kunde ist – und für den Top-Verkäufer ist der Kunde, mit dem er gerade aktuell zu tun hat, in diesem Augenblick tatsächlich der allerwichtigste Mensch. Dabei gilt: Nicht nur die innere Einstellung und das Verhalten müssen beim Kunden in die richtige Form gebracht werden, auch das äußere Erscheinungsbild. Der erste Eindruck, den er beim Kunden erweckt, öffnet oder verschließt die Tür zu dessen Herzen, Verstand und Gefühlswelt. Ein gepflegtes Äußeres hilft beim „Öffnen der Tür", weil es ein Zeichen des Respekts, der Anerkennung und für den Stellenwert ist, den der Kunde für den Verkäufer hat.

Grundüberzeugung 3: Die „weichen" und menschenorientierten Persönlichkeitsfaktoren des Top-Verkäufers sind wichtiger als die „harten" und aufgabenorientierten
Der Top-Verkäufer muss Menschen mögen – und so sind die „weichen" Faktoren wie Einfühlungsvermögen, Kontaktfähigkeit, Stehvermögen, Flexibilität, Stressfähigkeit, Antriebskraft, emotio-

nale Intelligenz und Problemlösungsgeschick von größerer Bedeutung als die Beherrschung von Einwandbehandlungstechniken und „Verkaufsformeln". Darum ist er in jeder Aktion, in jeder Situation freundlich und höflich. Ich erinnere mich an eine Geschichte mit dem Titel „Der chinesische Kaufmann", in der gesagt wird, man sollte kein Kaufmann werden, wenn man kein freundliches Gesicht hat. Um nicht falsch verstanden zu werden: Der Verkäufer beherrscht jene Techniken, aber er sieht zuerst den Menschen im Kunden und setzt die Techniken kundenspezifisch ein. Und wenn er aufgrund seines Einfühlungsvermögens merkt, dass der Kunde zur Zeit nicht in der Lage ist, sich die Eigenschaften eines Produktes erläutern zu lassen, er den Kopf dafür nicht frei hat, schwenkt er um auf die persönlich-private Ebene und versucht herauszufinden, ob er dem Kunden bei der Bewältigung eines eher persönlichen Problems behilflich sein kann. Und aufgrund seiner Einstellung und menschenorientierten Herangehensweise wird er das notwendige Taktgefühl besitzen, hier nicht zu weit zu gehen, so dass er die Intimsphäre des Kunden nicht verletzt.

Grundüberzeugung 4: Der Top-Verkäufer lernt lebenslang
Den geborenen Verkäufer gibt es nicht. Wie alle Menschen muss auch der Verkäufer ständig lernen – er befindet sich in einem andauernden Verbesserungsprozess. Ihr Unternehmen sollte ein lernendes Unternehmen sein, in dem ein aktives Lernklima herrscht, durch das Mitarbeiter animiert werden, sich mit Freude und Begeisterung permanent weiterzubilden. Dazu gehört, dass Sie als Unternehmer die entsprechenden Möglichkeiten bereitstellen. Dazu gehört aber auch die grundsätzliche Bereitschaft des Verkäufers, sich stets weiterzubilden und alle Weiterbildungsmög-

lichkeiten zu nutzen, und zwar nicht nur bezüglich der fachlichen Kompetenzen. Er legt zudem Wert darauf, seine Persönlichkeit weiterzuentwickeln. Die Antriebskraft des Top-Verkäufers besteht darin, immer besser werden zu wollen – zum Wohle des Kunden und des Unternehmens, und damit auch zum eigenen Wohle.

Grundüberzeugung 5: Der Top-Verkäufer findet den goldenen Mittelweg zwischen Spezialistentum und generalistischer Ausrichtung
Täglich kommen neue Kompetenzen hinzu, die der Verkäufer möglichst rasch erwerben soll. Top-Verkäufer wissen, welche Kompetenzen sie ent-lernen, also vergessen können und dürfen, und welche sie sich aneignen müssen. So findet er den Ausgleich zwischen eher allgemeinen, also generalistischen Fähigkeiten und speziellem Verkäufer-Know-how. Der generalistische Verkäufertypus beherrscht die für das Verkaufen notwendigen Techniken in der Breite und ist in der Lage, sich bei Bedarf in den Bereichen, in denen es notwendig ist, zum Spezialisten auszubilden. Oder anders ausgedrückt: Der Top-Verkäufer ist ein Generalist in dem Sinne, dass er über ein Paket an speziellen Kompetenzen verfügt, die er dem aktuellen Erfordernissen und Gegebenheiten anpasst. Hier übrigens kommt meine Überzeugung Nummer 4 ins Spiel, nämlich die vom Willen und der Bereitschaft zur lebenslangen Weiterbildung. Und die Beantwortung der Frage, welche Kompetenzen gerade notwendig sind, ist dem Verkäufer durch den intensiven Kontakt zum Markt und zum Kunden möglich. Denn der Kunde und seine Wünsche, Erwartungen und Hoffnungen bestimmen darüber, welche konkreten Verkäuferkompetenzen aktuell ideal geeignet sind, ihm zu dienen.

Grundüberzeugung 6: Der Top-Verkäufer ist Einzelkämpfer und Teamworker
Sicherlich ist der Spitzenverkäufer in der Lage, eigenständig und selbstbewusst seine Ziele im Kundengespräch zu verfolgen. Dort befindet er sich auf seinem ureigensten Terrain; es macht ihm Spaß, seine vertrieblichen und kommunikativen Fähigkeiten in der Begegnung von Mensch zu Mensch einzusetzen. Da aber immer mehr Aufgaben in Unternehmen und Vertriebsabteilung in Projekten und im Teamwork bearbeitet und zum Beispiel Mitarbeiter aus Innendienst und Außendienst zu operationalen Einheiten zusammengefasst werden, um für eine bestimmte Zeit zusammen zu wirken, ist es notwendig, dass er sich ins Team eingliedern kann und dort seine Kompetenzen der Gruppe zur Verfügung stellt.

Grundüberzeugung 7: Der Top-Verkäufer ist nicht nur Verkäufer
Der Verkäufer der Spitzenklasse ist kein blindwütiger Workaholic. Er nimmt seinen Beruf ernst und er ist fleißig – es überwiegen aber Spaß, Freude und Begeisterung. Um dies zu erreichen, setzt er sich eindeutige und hoch angesiedelte berufliche Ziele, er weiß aber auch, dass das Leben nicht nur aus Arbeit besteht. Er achtet daher auf ein ausgewogenes Verhältnis zwischen Beruf- und Privatleben und versucht, die verschiedenen Lebensbereiche in Balance zu bringen – darin nicht unähnlich dem „Unternehmer mit Körper, Geist und Seele". Und darum übt er seine Tätigkeit nicht verbissen aus, er prahlt nicht mit seinen Erfolgen, sondern ist bereit, sein Wissen an den Nachwuchs weiterzugeben. Er weiß, dass junge Verkäufer am meisten lernen, wenn sie als junge Springer alte Hasen begleiten dürfen. Er arbeitet nach dem Motto: „Suche nicht andere, sondern dich zu übertreffen!"

Es war nun die Rede von zahlreichen Qualifikationen und Kompetenzen, die von einem Top-Verkäufer erwartet werden. Aber wer zahlreiche Pflichten hat, hat auch viele Rechte. Und daher möchte ich betonen: Ohne qualifizierte Verkäufer läuft gar nichts mehr in der Dienstleistungsgesellschaft. Verkäufer – das ist ein Beruf mit Zukunft. Denn die Notwendigkeit der Versorgung mit Waren, Dienstleistungen und Serviceangeboten garantiert Wachstumsmärkte. Natürlich sind einige Märkte hart umkämpft, hinzu kommt, dass die wirtschaftlichen Rahmenbedingungen derzeit nicht die besten sind. Aber insgesamt ist der Verkauf ein Bereich, in dem gutes Geld verdient wird und werden kann. Noch wichtiger aber ist:

Der Verkäuferberuf macht einfach Freude und Spaß! Neben all den Erwartungen, die Sie an Ihre Verkäufer richten, sollten Sie es nie versäumen, dies in den Vordergrund zu stellen!

Nehmen Sie sich Zeit zum Nachdenken!

- *Mit welchen der Grundüberzeugungen stimmen Sie überein? Mit welchen nicht – und warum?*
- *Über welche der genannten Kernkompetenzen verfügen Ihre Verkäufer bereits?*
- *Was können Sie tun, damit Ihre Verkäufer diese Qualifikationen auch erwerben können?*

Das Beispiel Reklamationsbearbeitung

Einzelhändler wimmeln berechtigte Reklamationen vielfach ab – zu diesem Ergebnis kamen im Juli 2004 Verbraucherschützer in Berlin, Brandenburg, Sachsen-Anhalt und Thüringen, die das Verhalten von Händlern untersucht hatten. Kunden hätten es beispielsweise schwer, Mängel an einer Ware auch nach dem ersten Halbjahr erfolgreich zu reklamieren.

Im Reklamationsprozess erweist sich, ob ein Unternehmen Überdurchschnittliches bei der Kundenbetreuung zu leisten imstande ist – und ob ein Verkäufer eine Topkraft ist. Jeder Mensch im Unternehmen sollte es als seine ständige Aufgabe ansehen, an der Verbesserung des Kundennutzens mitzuwirken. Oft werden Verbesserungen erst eingeleitet, wenn dies durch eine Reklamation ausgelöst wird. Eine Reklamation ist dann Mittel zum Zweck – eine Beschwerde sollte aber vor allem als Möglichkeit zur dauerhaften Kundenbindung angesehen werden. Zum einen ist es um ein Vielfaches teurer, einen neuen Kunden zu gewinnen, als einen bestehenden zu halten. Zum anderen ist der reklamierende Kunde jemand, den man ja bereits einmal von der Qualität und dem Nutzen eines Produktes oder einer Dienstleistung überzeugt hat – und der nun dem Unternehmen durch seine Reklamation eine zweite Chance gibt, sich zu profilieren und ihn durch ein aktives Reklamationsmanagement an sich zu binden. Darum sollten Sie Reklamationen stets großzügig abwickeln. Es lohnt sich immer, denn dadurch tritt der Reklamationsanlass in den Hintergrund, während sich der Kunde die professionelle Lösung des Problems merkt – und weitererzählt.

Die Art und Weise, wie Reklamationen bearbeitet werden, zeigt genau, welche Bedeutung der

Kunde für das Unternehmen und einen Verkäufer hat. So ist der Reklamationsfall Bewährungsprobe und Prüffall zugleich: Bewährungsprobe, ob Ihr Verkäufer ein Top-Verkäufer ist, und Möglichkeit für Sie als Unternehmer, dies zu überprüfen. Bei der Reklamationsannahme und -bearbeitung spielen so gut wie alle Aspekte, die ich Ihnen vorgestellt habe, eine Rolle. Vor allem muss der Verkäufer die Vernunft- und Gefühlsebene beachten. Denn der reklamierende Kunde ist durch ein Wechselbad der Gefühle gegangen: Er hat ein Produkt erstanden und sich darüber gefreut. Dann folgt der Frust über einen Defekt. Schließlich hat er am Telefon niemanden erreicht, bei dem er sich beschweren kann. Also sucht er das Geschäft noch einmal auf. Der Kunde ist verärgert, verbittert, erschöpft, genervt – er steht unter emotionalem Hochdruck und will seine Wut und seine Enttäuschung loswerden. Der Verkäufer muss nun sachlich vorgehen und gemeinsam mit dem Kunden eine problemlösungsorientierte Lösung finden. Noch bedeutsamer aber ist: Er hat auf der Beziehungsebene die Gefühle des Kunden zu beachten. Denn Studien belegen, dass ein Kunde weniger wegen des konkreten Beschwerdeanlasses zur Konkurrenz überläuft, sondern eher aufgrund einer unzureichenden Reaktion auf die Beschwerde, bei der die meisten Verkäufer nicht die emotionale Verfassung des Kunden berücksichtigen.

Wenn der Kunde sich nun in lautstarken Worten beschwert und dabei auch nicht ganz sachlich bleibt, darf sich der Verkäufer nicht auf ein Wortgefecht einlassen. Wer sich so verhält, steht im Reklamationsgespräch auf verlorenem Posten. Eine Reklamation ist immer berechtigt – der Kunde hat im Normalfall einen Grund, sich zu beschweren. Er darf keinesfalls als lästiger Nörgler behandelt werden, mit dem man sich auf ein verbales Scharmützel oder gar einen Streit einlässt. Wichtig ist, dass der Verkäufer die Beschwerde nicht als Angriff auf die eigene Person interpretiert – obwohl dies auf den ersten Blick so zu sein scheint. In Wahrheit aber verlagert der Kunde seinen Ärger über den Reklamationsanlass auf den Menschen, bei dem er sich beschwert, also auf den Verkäufer. Dieser muss kühlen Kopf bewahren und dann dafür sorgen, dass der Kunde „Dampf ablassen" kann. Dies gelingt am besten, wenn der Verkäufer zunächst schweigt, den Kunden nicht unterbricht und ihm intensiv zuhört. So kann er den sachlichen Beschwerdeanlass herauszuhören.

Diese Reaktion zu zeigen, ist nicht leicht, kann aber trainiert werden, indem sich der Verkäufer in die Lage des reklamierenden Kunden zu versetzen versucht und die Beschwerde mit den Augen des Kunden sieht. Henry Ford sagte einmal: „Wenn es ein Erfolgsgeheimnis gibt, dann dies, sich in die Gedanken des anderen zu versetzen". Subjektiv gesehen hat der Kunde immer Recht. Darum sollte der Verkäufer Argumente vorbringen, die zu einer gemeinsamen Problemlösung führen.

Oberster Grundsatz der Reklamationsbearbeitung ist, den Kunden und sein Anliegen ernst zu nehmen, eigene Emotionen beiseite zu stellen, die „Schuld" nicht auf andere zu schieben und das Gespräch auf die sachliche Ebene zu bringen.

Alle Mitarbeiter Ihres Unternehmens sollten in der Lage sein, mit unzufriedenen Kunden ein Reklamationsgespräch zu führen. Denn der emotional aufgewühlte und enttäuschte Kunde will natürlich nicht erst lange warten müssen, bis er

eine zuständige Person sprechen kann. Ein Top-Verkäufer mit den in meinen Grundüberzeugungen angesprochenen Fähigkeiten geht bei der Reklamationsbearbeitung folgendermaßen vor:
- die Reklamation annehmen, zuhören und schweigen.
- Interesse an den Kundenäußerungen zeigen und das Signal aussenden, man werde sich intensiv mit dem Reklamationsanlass auseinandersetzen. Durch eine kundenorientierte Formulierung vertreibt der Verkäufer den psychologischen Nebel, in dem der Kunde steht, und bereitet so den Boden für eine sachliche Reklamationsbearbeitung.
- dem eigentlichen Reklamationsanlass durch geschickte Fragetechnik und aktives Zuhören auf die Spur kommen. Der Verkäufer versetzt sich in die Situation des Kunden.
- Problemlösung herbeiführen. Der Verkäufer fasst die Fakten zusammen, gibt den Beschwerdeanlass in eigenen Worten wieder und prüft, ob er die Beschwerde richtig verstanden hat. Er bringt eigene Lösungsangebote ins Spiel oder fragt den Kunden, ob ihm eine bestimmte Lösung vorschwebt.
- Vereinbarung treffen und vom Kunden das Einverständnis zu der vereinbarten Lösung einholen.
- Der Verkäufer bedankt sich für die Reklamation. Eine Beschwerde ist nicht nur eine Chance, sondern auch ein Geschenk. Und wenn man ein Geschenk erhält, sagt man als erstes „Danke" – und das sollte man in ganz besonderem Maße bei einem Kunden tun, der die Mühsal der Reklamation auf sich nimmt.
- Der Verkäufer erklärt, dass er die Reklamation zu schätzen weiß, weil er daraus lernen und mit ihrer Hilfe vielleicht sogar die Organisationsprozesse im Unternehmen verbessern

kann. Wenn ein offensichtlicher Fehler vorliegt, sollte er sich in aller Form entschuldigen.
- Der Verkäufer hält die Vereinbarung uneingeschränkt ein. Die beste Reklamationsbearbeitung nutzt nichts, wenn die getroffenen Vereinbarungen nicht verwirklicht werden.

Natürlich müssen die Strukturen in Ihrem Unternehmen so aufgebaut sein, dass eine professionelle und kundenorientierte Reklamationsbearbeitung überhaupt möglich ist. Sinnvoll ist es, gemeinsam mit den Verkäufern einen Katalog an möglichen Problemlösungen im Beschwerdefall aufzustellen – der Verkäufer muss diese Lösungen dann auf den konkreten Beschwerdefall anpassen.

Viele Kunden halten sich mit Beschwerden zurück, weil sie davon ausgehen, dass im Unternehmen niemand die Verantwortung für einen Fehler übernehmen will und eine Reklamation sowieso wenig nutzt – die schlechten Erfahrungen, die sie bei ihren Beschwerden gemacht haben, lässt sie zu dieser Bewertung gelangen. Deshalb laufen sie sofort zur Konkurrenz über. Als Grundregel gilt also:

Machen Sie es dem Kunden so einfach wie möglich, sich zu beschweren, und verblüffen, ja begeistern Sie ihn geradezu damit, wie kundenorientiert mit seiner Beschwerde umgegangen wird – auf der inhaltlichen, der emotionalen und der menschlichen Ebene.

Nehmen Sie sich Zeit zum Nachdenken!
· *Stellt die Bearbeitung einer Reklamation für Sie eine Investition oder einen Kostenfaktor dar?*
· *Betrachten Ihre Mitarbeiter und Sie eine Reklamation als Chance zur Kundenbindung und als Geschenk – oder als lästige und zeitraubende Angelegenheit?*
· *Betrachten Ihre Mitarbeiter und Sie einen reklamierenden Kunden als einen Freund, dem Sie zu danken haben und dessen Problem schnell und kompetent gelöst werden muss?*

8.2 Selbstmarketing und Herzensbildung

Die Hauptaufgabe des Unternehmers besteht darin, seinen Verkäufern und anderen Mitarbeitern den Gestaltungs- und Entscheidungsspielraum zu eröffnen, der es ihnen ermöglicht, Spitzenleistungen zu bringen und Marktdynamik zu entfesseln. Aber natürlich sollten auch Sie das Ihre dafür tun – was das konkret ist, habe ich in „Unternehmer sein mit Körper, Geist und Seele" und auch in diesem Buch analysiert und beschrieben. Nun möchte ich vor allem darauf hinweisen, inwiefern und warum die Persönlichkeitsentwicklung bei der Entfaltung von Marktdynamik eine Rolle spielt. Dabei mag es manchen überraschen, dass ich das Thema „Selbstmarketing mit dem Ziel der Herzensbildung" in den Vordergrund rücke. Ich möchte dies begründen:
Wenn es Ihnen gelingt, in Ihrem Unternehmen die Denkweise zu installieren, dass die permanente Optimierung zum Tagesgeschäft gehört, wird Marktdynamik entstehen. Die Denkweise lässt sich aber nicht verordnen oder gar aufzwin-

gen. Vielmehr muss sie von den Mitarbeitern und auch von Ihnen freiwillig aufgebaut werden: Ihre Mitarbeiter und Sie müssen es wollen. Sie müssen also Mitarbeiter finden, die dazu in der Lage sind oder die Sie mit Hilfe geeigneter Personalentwicklungsmaßnahmen dafür qualifizieren. Das wird in den Unternehmen zumeist auch geleistet – aber zu sehr bezogen auf die fachlichen Aspekte. Im Bereich des Verhaltens und der ganzheitlichen Persönlichkeitsentwicklung hingegen findet meiner Meinung nach viel zu wenig Schulung statt: Die Ganzheitlichkeit der Person kommt im Weiterbildungsprozess viel zu kurz. Ich möchte mich an dieser Verkürzung nicht beteiligen, sondern vielmehr die Bedeutung in den Vordergrund rücken, die das persönliche Marketingprogramm für die Mitarbeiter und Sie hat – ein Marketingprogramm, das die Schulung zur Persönlichkeit zum Gegenstand hat und bei dem Dinge wie Herzensbildung und Charisma wichtiger sind als Einwandbehandlung und Preisargumentation. Natürlich sind auch diese Punkte nicht zu vernachlässigen, aber das Fundament bildet die ganzheitliche Persönlichkeitsentwicklung.

Übrigens: Wer sich an der Kombination „Herzensbildung, Persönlichkeitsentwicklung und Marketing" stört, sei an meine Definition erinnert, dass Marketing alles umfasst, was Marktdynamik und Kundenorientierung nach sich zieht, und die Summe aller Maßnahmen darstellt, die in dem Markt, den man bedienen will, zu dauerhaftem unternehmerischen Erfolg führen. Und die Persönlichkeitsstruktur der handelnden Personen auf der unternehmerischen Seite gehört gewiss zu den wichtigsten Erfolgsfaktoren, weswegen ich in diesem Zusammenhang den Begriff „Selbstmarketing" durchaus für angebracht halte.

Herzensbildung und Umgangsformen
Erfolge und Misserfolge haben oft die gleiche Ursache, nämlich das Benehmen des Menschen. Im Geschäftsleben, in der Gesellschaft und auch im privaten Bereich sind Umgangsformen wieder sehr gefragt. Wer sie nicht beherrscht, erfährt Ablehnung und Misserfolg, ohne zunächst genau zu wissen, worauf dies zurückzuführen ist. Noch vor Jahrzehnten galten Benimmregeln als verstaubtes Verhalten aus Urgroßmutters Mottenkiste. Neueste Umfragen zeigen jedoch, dass immer mehr Deutsche sehr viel Wert auf Höflichkeit legen und viel von gutem Benehmen halten. Gutes Benehmen gehört wieder zu den Grundtugenden und gilt als intelligentes Mittel der partnerschaftlichen Kommunikation, letztlich als Geste des Respekts vor anderen Menschen. In den letzten Jahrzehnten haben sich unsere Umgangsformen sehr verändert. Wir leben heute etwas unbefangener. Dennoch: Wer Umgangsregeln beherrscht, wird auch in heiklen Situationen souverän, selbstbewusst und überzeugend handeln und wirken. Und darum möchte ich von einer Renaissance der Herzensbildung sprechen, ohne die die Ausübung korrekter Umgangsformen kaum denkbar ist.
Darauf hat übrigens schon der Urahn der gesellschaftlichen Umgangformen hingewiesen, nämlich Adolph Freiherr von Knigge (1752-1796), der in seinem Buch „Über den Umgang mit Menschen" weniger die Befolgung starrer Verhaltensnormen betonte, sondern die praktische Lebensklugheit. Knigge, Bewunderer der französischen Revolution, will den einzelnen Menschen um seiner selbst willen geachtet und akzeptiert sehen, ohne Rücksicht auf Stand, Rang und Namen. So fordert er den Leser beispielsweise auf – insbesondere Adelige, Fürsten und Geistliche, „die da oben" kommen bei dem Freiherrn vor allem in Schmähreden vor –, einen anderen Menschen nie

der Lächerlichkeit preiszugeben. Erstaunlich, wie abfällig sich der Freiherr über die Vornehmen äußert, denen er zum Beispiel jede Herzensbildung und mitmenschliche Anteilnahme glattweg abspricht. Wichtig für meinen Zusammenhang ist, dass Knigge jene Herzensbildung in den Mittelpunkt stellt, wenn es um „den Umgang mit Menschen" geht.

Was Herzensbildung bedeutet, hat der japanische Autor Haruki Murakami in einer seiner Erzählungen sehr schön in Worte gefasst. In „Das Schweigen" heißt es: „Wovor ich aber wirklich Angst habe, sind Leute (...), die nichts verstehen, die sich von bequemen und leicht übernehmbaren Meinungen anderer leiten lassen und nur in Gruppen auftreten. Diese Leute, die nie auf die Idee kämen, daß sie vielleicht irgend etwas falsch machen könnten. Denen niemals auffällt, wenn sie einen anderen sinnlos und brutal verletzten könnten. Sie übernehmen keine Verantwortung für das, was sie tun." Und dies ist so, so möchte ich ergänzen, weil „diese Leute" keine Herzensbildung haben!

Wesentliche Voraussetzung für korrektes Benehmen ist das, was ich eine anständige Geisteshaltung nennen will.

Was würde es überhaupt nützen, wenn man alle Benimmregeln der Welt kennen, diese aber mit Groll oder Verstimmung anwenden würde? Sie wären wirkungslos. Zuerst muss der Geist fröhlich, gesund, positiv und konstruktiv sein, bevor sich dies dann auch in den entsprechenden äußeren Handlungen aktualisieren und konkretisieren kann. Der Körper ist es, der unsere Gedanken und innere Einstellung widerspiegelt – besser gesagt:

verrät. Unser Gegenüber kann eine Bewertung und Prüfung unserer Person zunächst einmal nur anhand der äußeren Erscheinung und Handlungen vornehmen, und dies geschieht in den ersten Sekunden einer Begegnung – der so genannte „erste Eindruck" bildet sich. Und von jenem ersten Eindruck hängt ab, ob uns ein Gesprächspartner – oder Kunde! – mit Sympathie oder Antipathie oder Desinteresse begegnet. Aber wie diese äußeren Handlungen und auch das Benehmen beschaffen sind, wird von der Geisteshaltung, der Einstellung und der Herzensbildung bestimmt. Wenn diese Aspekte nicht in einem Widerspruch zueinander stehen sowie äußere Erscheinung, Sprache, Verhalten und Benehmen eine Einheit bilden, ist es möglich, dass einem Menschen Vertrauen entgegengebracht wird.

Dinge wie Kleidung und Ausdrucksweise, Höflichkeit, diplomatisches Verhalten und Etikette rücken auch im Umgang zwischen Unternehmer, Führungskräften und Kunden in den Mittelpunkt – die Zeitschrift „acquisa" veröffentlichte im Juli 2004 unter der Überschrift „Benimm ist wieder in" einen Artikel über Geschäftsgepflogenheiten. Denn in Wahrheit begegnen sich im Gespräch weniger ein Vorgesetzter und ein Mitarbeiter, ein Verkäufer und ein Kunde – sondern ein Mensch und ein Mensch, also Menschen, die sich gegenseitig tolerieren und in ihrem So-Sein akzeptieren sollten, trotz oder gerade wegen aller Unterschiedlichkeit.

Und so ist es sinnvoll, sich selbst immer wieder zu prüfen, ob man ein dem harmonischen zwischenmenschlichen Miteinander angemessenes Verhalten zeigt. Das gilt aufgrund Ihrer Vorbildfunktion für die Mitarbeiter insbesondere für Sie selbst!

Ich möchte Ihnen nun ein paar Fragen vorlegen, die Ihnen eine erste Einschätzung des Erfolgsfaktors „Verhalten und Benehmen" erlauben. Sicherlich werden Sie vieles von dem, was in „Nehmen Sie sich Zeit zum Nachdenken!" angesprochen wird, als für Sie selbstverständlich bezeichnen. Beachten Sie aber trotzdem, ob diese Selbstverständlichkeiten gute oder schlechte Wirkungen nach sich ziehen. Sind es lediglich Gewohnheiten, die oft ohne innere Überzeugung automatisch erfolgen? Oder kommen diese Handlungen von Herzen? Das wäre wünschenswert – ansonsten bleiben Sie im Gespräch mit anderen Menschen und im Kundenkontakt ohne Überzeugungskraft. Natürlich lässt sich so etwas wie „Herzensbildung" nicht trainieren. Wer sie aber als elementaren Bestandteil menschlichen Miteinanderumgehens begreift, wird darauf achten, wo seine Schwachpunkte liegen und in einem nie endenden Prozess daran arbeiten, sich diesbezüglich zu vervollkommnen. Und er wird anderen dabei helfen, diesen Weg ebenfalls zu beschreiten – zum Beispiel den Mitarbeitern.

Nehmen Sie sich Zeit zum Nachdenken!

- *Sind Sie der Meinung, "Herzensbildung" solle im Management, im unternehmerischen Bereich und im Kundenkontakt eine Rolle spielen?*
- *Was halten Sie von dem Satz: "Die Freude, die wir geben, kehrt ins eigene Herz zurück"?*
- *Was halten Sie von dem Satz: "Worte können sehr verletzen"?*
- *Welche Vorurteile haben Sie?*
- *Können Sie sich in angemessener Form entschuldigen, zum Beispiel für Fehler?*
- *Haben Sie Probleme damit, sich zu bedanken?*
- *Achten Sie auf Ihre Kleidung? Sind Sie für jeden Anlass richtig gekleidet?*
- *Sind Sie sicher in Ihrer Art, andere Menschen zu begrüßen? Nennen Sie zum Beispiel immer Ihren Vor- und Nachnamen?*
- *Wie verbindlich und freundlich grüßen Sie?*
- *Beherrschen Sie im Gespräch stets die richtige Anrede?*
- *Ist Ihr Auftreten bei Einladungen stets richtig und sicher?*
- *Können Sie gut zuhören?*
- *Machen Sie sich vor einem Gespräch Gedanken darüber, welche Themen Sie lieber nicht ansprechen sollten?*
- *Machen Sie sich Gedanken über Ihre Wortwahl (ob Sie beispielsweise verletzend wirken könnte)?*
- *Sind Sie in der Lage, sich in die Situation und Gefühlswelt des Gesprächspartners zu versetzen?*
- *Halten Sie im Gespräch stets Blickkontakt zum Gesprächspartner?*
- *Wie beurteilen Sie Ihre kommunikativen und rhetorischen Fähigkeiten?*

- *Wie beurteilen Sie Ihren Umgang mit dem anderen Geschlecht (bei offiziellen Anlässen, aber auch im privaten Bereich)?*
- *Was bedeuten Werte für Sie?*
- *Fühlen Sie sich im Umgang mit anderen Menschen ethisch verantwortlich?*
- *Wie beurteilen Sie Ihre Fähigkeiten im Bereich der persönlichen Beziehungspflege?*
- *Was halten Sie von Klatsch, Tratsch und Gerüchten?*
- *Was bedeutet Luxus für Sie?*
- *Wie fit sind Sie im protokollarischen Bereich?*
- *Was halten Sie von Statussymbolen?*
- *Was halten Sie von Stil und Etikette?*
- *Wie ist Ihre Visitenkarte gestaltet?*
- *Achten Sie darauf, dass Ihre Briefe und sonstigen Kommunikationsmittel adressatenfreundlich gestaltet sind?*
- *Wie gut kennen Sie sich mit den Sitten, kommunikativen Gepflogenheiten und Umgangsformen in anderen Ländern aus, in denen Sie sich regelmäßig aufhalten?*

Ich empfehle Ihnen, die Fragen mehrfach zu kopieren und in gewissen Abständen (ca. ein viertel Jahr) aufs Neue zu beantworten. Stellen Sie fest, wo und in welchem Grad Veränderungen eingetreten sind. Stellen Sie aber auch fest, welche Vorteile und welchen Nutzen Sie davon hatten. Sie können die Fragen auch anderen Personen zeigen, Personen, die Sie mögen und die Ihr volles Vertrauen genießen. Es ist sehr interessant zu erfahren, ob Ihre Vertrauenspersonen zu vergleichbaren Ergebnissen gelangen. Wenn dies nicht der Fall ist, sollten Sie den Gründen nachspüren.

Schlusswort

Der Kreis schließt sich! In „Unternehmer sein mit Körper, Geist und Seele" habe ich Sie auf die Bedeutung der ganzheitlichen Unternehmensführung hingewiesen und betont, dass dies allein nicht genüge, sondern Sie vielmehr ein konkretes Konzept erarbeiten müssen, durch das Sie Ihren Kunden einen überlegenen Kundennutzen bieten. Dieses Konzept ist „Marktdynamik", und Sie haben es in diesem Buch kennen gelernt. Ich möchte mich von Ihnen, liebe Leserinnen und Leser, aber nicht ohne einen weiteren Hinweis verabschieden:

Führen Sie Ihr Unternehmen ganzheitlich, mit ethischem Fundament, mit einer Vision.

Während ich diese Zeilen schreibe (im Juli 2004), tobt in Deutschland der Kampf um den richtigen Reformkurs – und es ist davon auszugehen, dass dieser Kampf noch nicht so bald wird abgeschlossen werden können. Jeden Tag erblickt ein neuer Vorschlag das Licht der Welt, was zu tun ist: Hartz I-IV – richtig oder nicht, muss die Reform reformiert werden? Bürgerversicherung oder Gesundheitsprämie? Inlandskonjunktur ankurbeln oder den Status als Exportweltmeister ausbauen? Dies sind nur einige der Fragen, die tagtäglich debattiert werden.

Manche Vorschläge erreichen nicht einmal das Lebensalter einer Eintagsfliege. Meiner Meinung nach liegt dies daran, dass uns noch die Vision fehlt, wohin der Weg führen soll, der große Wurf ist noch nicht gelungen. Jene Vorschläge lassen sich nicht aus einem – oder mehreren – übergeordneten Wert ableiten, durch den sie legitimiert wären. Jener übergeordnete Wert würde dafür sorgen, dass alle Einzelreformen zusammengenommen aus „einem Guss" wären und dann auch von der Mehrheit der Bevölkerung akzeptiert würden.

Ein anschauliches Beispiel bietet die Tabaksteuer. Mitte Juli 2004 war der Presse zu entnehmen, dass die Einnahmen zurückgegangen sind, weil die Menschen aufgrund der Erhöhung der Tabaksteuer weniger rauchen. Während das Finanzministerium die Steuerausfälle beklagte, war die Freude im Gesundheitsministerin groß. Ich möchte hier gar keine Position beziehen, sondern nur darauf hinweisen, wie sehr manche Reformen in einem unauflösbaren Widerspruch zueinander stehen – weil eben die Vision fehlt. Dies führt dann zu so unglaublichen Argumenten, dass der Staat eigentlich ein Interesse an der Senkung der Tabaksteuer haben müsse, weil so die Rentenkasse entlastet würde – immerhin lebten Raucher zehn Jahre weniger als Nichtraucher!

Eine ganzheitliche Betrachtungsweise unserer Situation – noch nie war sie so notwendig wie jetzt! Und das gilt in ganz besonderem Maße für die Wirtschaft und die Unternehmensführung. In diesem Zusammenhang möchte ich an Prof. Dr. Joachim Kohlhof, Inhaber des Kollegs für Führungs-, Unternehmens- und Wirtschaftsethik, erinnern, der gesagt hat: „Ohne Ethik versagt die Politik, verkommt die Wirtschaft, verwahrlost die Gesellschaft und verirrt sich der Mensch in das Nichts seiner Bestimmungen". Woran es unserer Gesellschaft und auch der Wirtschaft mangelt, ist eine groß angelegte Diskussion über das ethische Fundament, von dem aus wir den Herausforderungen der Zukunft und der Notwendigkeit zum permanenten Wandel begegnen und von dem aus wir ins Handeln kommen können. Die ethisch fundierte Diskussion um den „rechten Weg" muss stets begleitet werden von praktischen und umsetzungsorientierten Aspekten – schließlich gibt es nach Erich Kästner nichts Gutes, außer man tut es!

Eine weitere Überlegung belegt die Wichtigkeit ganzheitlicher Unternehmensführung. Jedes Unternehmen – zumal größere und große – kann als ein Zusammenschluss mehrerer Bereiche gesehen werden, man nennt sie in der Regel „Abteilungen". Je mehr ein Unternehmen expandiert, zu desto größeren „Spezialisten" werden die einzelnen Bereiche: Ich nenne hier die „Abteilungen" Geschäftsführung, Strategieentwicklung, Personalabteilung, Controlling, Produktion, Marketing, Vertrieb, Buchhaltung, Logistik und Technik. Das jedoch führt zum Verlust der ganzheitlichen Betrachtungsweise, im schlimmsten Fall weiß die eine Abteilung nicht mehr, was die andere tut. Es sind eben „Ab-teil-ungen" – der Begriff verdeutlicht schon, dass es sich um abgetrennte, voneinander abgeteilte Bereiche handelt. Das aber führt zu Reibungsverlusten, Kommunikationsschwierigkeiten und letztendlich zu Ineffektivität und Ineffizienz.

Viele Managementprobleme hängen damit zusammen, dass die Ganzheitlichkeit eines Unternehmens nicht mehr von allen Menschen, die dort tätig sind, ohne Weiteres erkannt werden kann – und somit ein sinnvolles Zusammenwirken nicht möglich ist. Bei Versuchen, sich dem Veränderungsdruck und den wechselnden Marktbedingungen anzupassen, kommt es dann zumeist zu Insellösungen, die eben nur punktuelle Verbesserungen erlauben.

Anlässlich eines Vortrages habe ich einmal gesagt, manche Unternehmen gingen an ihren Stärken zugrunde. Und das stimmt mehr denn je. Die Unternehmen haben oft ganz bestimmte Stärken, die geradezu verherrlicht werden – wodurch aber andere und „schwächere" Teilbereiche vernachlässigt werden. Leider aber gilt die alte Weisheit, dass eine Kette nur so stark ist wie ihr schwächstes Glied, immer noch.

Ich bin mir darüber im Klaren, dass in Zeiten der Fusionen und Unternehmenskooperationen eine ganzheitliche Betrachtungsweise und Unternehmensführung immer komplizierter und komplexer wird. Ich bin mir aber auch sicher, dass ein Großteil unserer wirtschaftlichen Probleme gerade auf den Umstand zurückzuführen ist, dass jene Ganzheitlichkeit immer mehr aus den Augen gerät – im wahrsten Sinne des Wortes. Viele Unternehmen, die in die Pleite gegangen sind, belegen dies. Sie wurden zwar immer größer, aber nicht stärker am Markt, weil die Wettbewerbsfähigkeit verloren ging.

Wo aber liegt nun die Lösung des Problems? Den Stein der Weisen kann ich Ihnen leider auch hier nicht anbieten.

Vielleicht aber liegt die Lösung in der Kombination
- *der ganzheitlichen Unternehmensführung mit*
- *der ethischen Ausrichtung der Vision des Unternehmens und mit*
- *der Entfesslung von Marktdynamik, wie sie in diesem Buch beschrieben wurde, mit all den Facetten der Kundenorientierung, der Mitarbeiterführung und eines begeisternden Marketingprogramms.*

Von großer Bedeutung dabei ist die Denkhaltung aller im Unternehmen tätigen Menschen – dies soll die folgende Grafik belegen. Die Geistleistung, also die Spiritualität, ohne die der Wandel nicht erfolgreich bewältigt werden kann, entscheidet darüber, ob sich in Ihrem Unternehmen Marktdynamik entwickelt – und über die Zukunft auch Ihres Unternehmens.

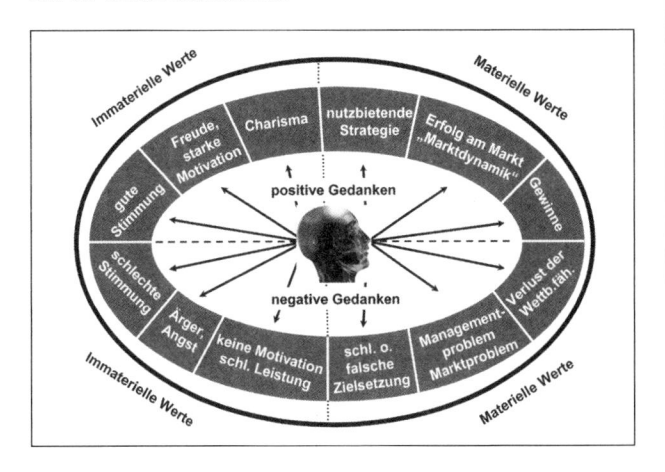

Literatur und Quellen

- Behrendt, Rainer: Lust auf Kompetenz. In: Rosewich, Evelyn (Hrsg.): Mehr Lust auf Leistung. GABAL, Offenbach 2003, S. 101-117
- Commer, Heinz; Thadden, Johannes von: Managerknigge. Econ, Düsseldorf 2002
- Ederer, Günter; Seiwert, Lothar J.: Der Kunde ist König. Das 1x1 der Kundenorientierung. GABAL, Offenbach, 3. Auflage 2000
- Ernst, Eckehard: Düfte – die neue Dimension im Marketing. In: Der Karriereberater 7/96. VBU, Bonn 1996, S. 173-180
- Friedrich, Kerstin: Erfolgreich durch Spezialisierung. Redline Wirtschaft, Frankfurt am Main 2003
- Hanisch, Horst: Benimm ist wieder in. In: acquisa 7/2004, S. 62-63
- Hans, Norbert: Aufbruch im Mittelstand. Mehr Marktanteile durch strategischen Weitblick. Gabler, Wiesbaden 2003
- Knigge, Adolph Freiherr: Über den Umgang mit Menschen. Insel, Frankfurt/Main 2001
- Madel, Michael: Professionelles Reklamationsmanagement: Den Kunden auf der Gefühlsebene abholen. In: DVVA 189/2004, S. 7-8
- Madel, Michael: Der vertraute Kunde. In: Tele-Talk 6/2004, S. 50-51
- Madel, Michael: Die postmoderne Bescheidenheit. Gewinnen durch Verzichten. VBU, Bonn 1993
- Murakami, Haruki: Wie ich eines schönen Morgens im April das 100%ige Mädchen sah. Erzählungen. BvT, Berlin 2004
- Pracht, Sabine: Markenführung im Mittelstand. In: acquisa 03/2004, S. 16-22
- Rosewich, Evelyn (Hrsg.): Mehr Lust auf Leistung. GABAL, Offenbach 2003

- Schmidt, Josef: Unternehmer sein mit Körper, Geist und Seele. Die Ganzheit als oberstes Erfolgsprinzip. Heinz Späthling Druckerei und Verlag, Weißenstadt 2004
- Schmidt, Josef: Unternehmersouveränität. Josef Schmidt Verlag, Bayreuth, 3. Auflage 1997
- Seßler, Helmut: 30 Minuten für aktives Beziehungsmanagement. GABAL, Offenbach 2003
- Seßler, Helmut: Der Beziehungsmanager. So erreichen Sie im Verkauf, was immer Sie wollen. Korter, Mannheim, 2. Auflage 1998
- Siegert, Werner: Ziele – Wegweiser zum Erfolg. Von den Unternehmenszielen zu den täglichen Arbeitszielen. Schäffer-Poeschel, Stuttgart 2001
- Steffen, Rolf; Steffen, Udo: Spitzenleistungen im Handwerk – der direkte Weg zum Erfolg. Gentner, Alfons W., Verlag GmbH & Co. KG, Stuttgart 2003
- Templeton, Tim: Networking, das sich auszahlt ... jeden Tag. Lebenslange Beziehungen aufbauen. GABAL, Offenbach 2004
- Wilson, Jerry: Mund-zu-Mund-Marketing. Verlag Moderne Industrie, Landsberg am Lech 1991
- Ziegler, Albert: Verantwortung für das Wort. Huber Verlag, Frauenfeld 2000

Das von Josef Schmidt entwickelte Hauptwerk „UnternehmerEnergie" wird gelehrt im Schmidt-Colleg GmbH und Co. KG in 96342 Stockheim.